Farsa de Inês Pereira

Auto da barca do Inferno

Auto da Alma

Pranto de Maria Parda

Gil Vicente

TEXTO INTEGRAL

3ª Edição

CB079973

A ortografia deste livro foi atualizada segundo o Acordo Ortográfico da Língua Portuguesa (1990), que passou a vigorar em 2009.

COLEÇÃO A OBRA-PRIMA DE CADA AUTOR

Farsa de Inês Pereira

Auto da barca do Inferno

Auto da Alma

Pranto de Maria Parda

Gil Vicente

TEXTO INTEGRAL

MARTIN CLARET

© *Copyright* desta edição: Editora Martin Claret Ltda., 2011.

DIREÇÃO
Martin Claret
COORDENAÇÃO EDITORIAL
Taís Gasparetti
PRODUÇÃO EDITORIAL
Carolina Marani Lima / Alexander B. A. Siqueira / Jaqueline M. dos Santos / Giovana G. Leonardo Fernandes / Gabriele Caldas Fernandes
DIREÇÃO DE ARTE
José Duarte T. de Castro
CAPA
Ilustração: Pavila / Shutterstock - Nejron Photo / Shutterstock
MIOLO
Texto de apresentação: Alexander Barutti A. Siqueira
Revisão: Ana Paula Luccisano
Impressão e acabamento: Paulus Gráfica

Dados Internacionais de Catalogação na Publicação (CIP)
(Câmara Brasileira do Livro, SP, Brasil)

Vicente, Gil, 1465-1536.
Farsa de Inês Pereira; Auto da barca do Inferno; Auto da Alma; Gil Vicente. — 3. ed. — São Paulo: Martin Claret, 2012. — (Coleção a obra-prima de cada autor; 83)

"Texto integral"
ISBN 978-85-7232-501-1

1. Teatro português I. Título: Farsa de Inês Pereira. II. Título: Auto da barca do Inferno. III. Título: Auto da alma. IV. Série.

10-09454 CDD-869-2

Índices para catálogo sistemático:

1. Teatro: Literatura portuguesa 869.2

EDITORA MARTIN CLARET LTDA.
Rua Alegrete, 62 – Bairro Sumaré – CEP: 01254-010 – São Paulo – SP
Tel.: (11) 3672-8144 – Fax: (11) 3673-7146
www.martinclaret.com.br / editorial@martinclaret.com.br
12ª REIMPRESSÃO - 2019

Sumário

❖

Apresentação

O Humanismo

Entre os séculos XV e XVI, a Europa passou por uma série de transformações políticas, sociais e culturais: findava-se a Idade Média, o comércio se dinamizava, e os valores teocêntricos medievais passaram a ceder terreno ao antropocentrismo. Esse seria um dos períodos mais importantes da história de Portugal: o pequeno reino consolidara-se como país e iniciava as Grandes Navegações, que marcariam a "Era de Ouro" portuguesa.

O advento da imprensa teve papel fundamental nessas transformações. Naturalmente, seus ecos se fariam notar também nas artes e na literatura portuguesa, levando a uma renovação literária que abrangeu prosa, poesia e teatro. Na prosa, destacam-se os cronistas, dentre os quais o também historiógrafo Fernão Lopes; na poesia, a poesia palaciana, reunida no *Cancioneiro geral*; no teatro, Gil Vicente. Há que se destacar, no concernente à poesia e ao teatro, um caráter de transição, em que os elementos medievais coexistem com os novos valores antropocêntricos.

Trata-se de um período intenso e de difícil abordagem, que floresceu de maneira variada ao redor da Europa e que se insere no contexto do Renascimento; em Portugal, contudo, esse período configura-se mais como um prenúncio dos ideais renascentistas, como uma espécie de interlúdio entre a Época Medieval e o Renascimento.

O autor

Gil Vicente teria nascido por volta de 1465, em Portugal. O local e a data específicos não se podem afirmar com precisão, pois são escassas as informações acerca da vida do dramaturgo. Teria exercido o ofício de ourives antes de se dedicar inteiramente a suas peças, as quais escrevia e, por vezes, nas quais também atuava.

A qualidade de sua obra teria conquistado o gosto da corte portuguesa, para quem Gil Vicente viria a trabalhar por mais de 30 anos. Ao longo de sua carreira, o autor produziu cerca de 200 peças, das quais apenas 46 chegaram à posteridade; algumas delas, contudo, foram resgatadas apenas recentemente, e muitas padecem de problemas de edição – há discrepâncias entre os textos que Gil Vicente publicara em vida e as versões revisadas após sua morte, por seu filho Luís Vicente.

Considerado o precursor do teatro português, Gil Vicente teria falecido no ano de 1536.

O estilo de Gil Vicente

Gil Vicente desconhecia a tradição da estética teatral greco-romana. Sua obra parece remontar ao teatro popular medieval, que já se fazia há séculos antes do autor e que fora assimilado na península Ibérica. Essas apresentações, em geral, resumiam-se à encenação de temas religiosos.

As obras de Gil Vicente, mesmo as de temática religiosa, geralmente não se prestam à intenção de propagar a fé cristã; seu caráter é profundamente humanista. Tais peças visam a apontar os vícios entranhados em todas as camadas sociais, com um humor inteligente e ácido que recobre uma severa crítica à perversidade humana.

Embora Gil Vicente não siga nenhuma vertente teatral pré-estabelecida, sua obra pode ser associada, *grosso modo*, a quatro tendências do teatro medieval, a saber: os *mistérios*, que consistem na encenação de trechos da *Bíblia*; os *milagres*, que contam a história dos santos; as *moralidades*, que têm por base a personificação de ideais abstratos; e as "*sotties*", peças em que os personagens, por serem declaradamente loucos, têm licença para invectivas mais agressivas, que de outra maneira não seriam aceitas pelo público.

Nem todas as peças de Gil Vicente foram escritas em português: algumas foram escritas em castelhano; outras misturavam os dois idiomas. Nesse sentido, convém ressaltar a proximidade cultural que Portugal e Espanha mantinham na época. Gil Vicente, cuja produção inicial fora influenciada pela obra de Juan del Encina, viria a influenciar uma série de importantes dramaturgos espanhóis nos séculos seguintes.

Sobre a *Farsa de Inês Pereira*

A *Farsa de Inês Pereira*, de 1523, relata a história de uma jovem que deseja livrar-se da vida tediosa que levava ao lado da mãe, casando-se com um homem que, segundo ela, poderia ser "malfeito, feio, pobre", desde que fosse discreto e que "soubesse tanger viola".

Entretanto, depois de passar por um casamento conturbado, a moça, agora viúva e desiludida, aceita casar-se com seu primeiro pretendente: um homem rico e ingênuo, mas submisso ao mau comportamento da esposa. Assim, ilustra-se o ditado: "mais vale um asno que me carregue que um cavalo que me derrube".

Os personagens de Gil Vicente apresentam caráter metonímico, de modo que a parte representa o todo, e tanto a mulher imoral como o marido tolo são objetos de sátira.

Sobre o *Auto da barca do Inferno*

Datado de 1517, o *Auto da barca do Inferno* é uma das mais conhecidas obras de Gil Vicente. Nela, representantes dos mais diversos ofícios e posições sociais encontram-se, após a morte, diante das barcas que os podem levar ao Paraíso ou ao Inferno. Naturalmente, poucos são aqueles dignos da barca do Anjo, e muitos os que, pela vida que levaram, garantiram lugar na barca do Diabo.

De maneira bem-humorada, a peça aponta uma série de licenciosidades que permeavam a sociedade da época – e que não serão estranhas ao leitor de hoje. Ninguém está livre da crítica do dramaturgo, nem mesmo o clero ou a nobreza.

Sobre o *Auto da Alma*

O *Auto da Alma*, que se teria encenado pela primeira vez no ano de 1518, ilustra o lado moralizante da produção de Gil Vicente. A obra, cuja base é o recurso da alegoria, trata da eterna luta entre o Céu e o Inferno pela Alma humana.

Em meio ao clássico embate, a Igreja ganha importância fundamental, na medida em que oferece abrigo à Alma na passagem da vida para a morte. Desse modo, não há salvação sem Igreja. Cabe ressaltar, contudo, que o gênero *moralidade* não é uma determinante do teatro de Gil Vicente.

❖

Critérios desta edição

Obedeceu-se tanto quanto possível ao original, porém, objetivando uma melhor compreensão do texto, escrito no século XVI, em alguns casos atualizou-se a grafia, sacrificando-se, assim, a rima e os versos em redondilha menor.

❖

Farsa de Inês Pereira

Personagens

INÊS PEREIRA

MÃE de Inês

LEONOR VAZ, a alcoviteira

PERO MARQUES, primeiro pretendente e segundo marido

LATÃO e VIDAL, judeus casamenteiros

BRÁS DA MATA, o Escudeiro, primeiro marido de Inês

FERNANDO, o MOÇO, criado do Escudeiro

LUZIA

ERMITÃO, antigo namorado de Inês

A seguinte farsa de folgar foi representada ao mui alto e poderoso rei D. João III, no Convento de Tomar. Era do Senhor de 1523. Seu argumento é que, por quanto duvidavam certos homens de bom saber se o autor fazia de si mesmo estas obras, ou se as furtava de outros autores, lhe deram este tema sobre que fizesse, a saber: um exemplo comum que dizem “mais quero um asno que me carregue que um cavalo que derrube”. E sobre este motivo se fez esta farsa.

Finge-se, na introdução, que Inês Pereira, filha de uma mulher de baixa sorte, muito fantesiosa, está lavrando em casa, e sua mãe a ouvir missa. Diz ela:[1]

Inês fantesiosa

Primeira jornada[2]

INÊS (*Cantando.*)
Quien con veros pena y muere,
Que hará cuando no os vier?[3]

Renego deste lavrar
e do primeiro que o usou!
Ao Diabo que eu o dou,
que tão mau é de aturar!
Oh, Jesus, que enfadamento,
e que raiva, e que tormento,
que cegueira e que canseira!
Eu hei de buscar maneira
de algum outro aviamento...[4]

Coitada! Assim hei de estar
encerrada nesta casa
como panela sem asa,
que sempre está num lugar?

---

[1] Nota explicativa publicada na compilacão de 1562.
[2] A divisão da peça em três jornadas foi proposta por Paulo Quintela, da Universidade de Coimbra, na edição desta obra, em 1953.
[3] Em espanhol, “Quem vendo-vos sofre e morre e, / Que fará se vos não vir?”
[4] Isto é, “de algum outro modo de vida”.

E assim hão de ser logrados
dois dias amargurados
que eu posso durar viva?
E assim hei de estar cativa
em poder de desfiados?[5]

Antes o darei ao Diabo
que lavrar mais nem pontada:
já tenho a vida cansada
de jazer sempre de um cabo.
Todas folgam, e eu não;
todas vêm, e todas vão
onde querem, senão eu.
Hui! que pecado é o meu?
Oh, que dor de coração!

Esta vida é mais que morta.
Sou eu coruja ou corujo,
ou sou algum caramujo
que não sai senão à porta?
E quando me dão algum dia
licença, como a bugia,[6]
que possa estar à janela,
é já mais que a Madanela,[7]
quando achou a aleluia.

(Vem a Mãe da igreja e, não a achando lavrando, diz:)

MÃE Logo eu adivinhei,
lá na missa onde eu estava,
como a minha Inês lavrava
a tarefa que lhe eu dei...
Acaba esse travesseiro!
Hui! nasceu-te algum unheiro?
Ou cuidas que é dia santo?

---

[5] Tirar fios para o bordado.
[6] Macaca.
[7] Forma popular de Madalena.

INÊS Praza a Deus que algum quebranto
me tire de cativeiro!

MÃE Toda tu estás aquela![8]
Choram-te os filhos por pão?

INÊS Prouvesse a Deus! Que já é razão
de eu não estar tão singela.[9]

MÃE Olhade lá o mau pesar!
Como queres tu casar
com fama de preguiçosa?

INÊS Mas eu, mãe, sou aguçosa
e vós dais-vos devagar.[10]

MÃE Ora espera assim, vejamos.

INÊS Quem já visse esse prazer!

MÃE Cala-te, que poderá ser,
que ante a Páscoa vêm os Ramos.
Não te apresses tu, Inês;
maior é o ano que o mês.
Quando te não precatares,
virão maridos a pares
e filhos de três em três.

INÊS Quero-me agora levantar.
Folgo mais de falar nisso
(assim Deus me dê o Paraíso!)
mil vezes que não lavrar.
Isto não sei que o faz...

MÃE Aqui vem Leonor Vaz.

---

[8] Isto é, "Estás mal-humorada!"
[9] Solteira.
[10] Em outras palavras: "Mas eu sou rápida, é você que vai devagar [para me arranjar marido]".

INÊS E ela vem-se benzendo.

LEONOR Jesus, a que me encomendo!
Quanta coisa que se faz!

MÃE Leonor Vaz, que é isso?

LEONOR Venho eu, mana,[11] amarela?

MÃE Mais ruiva que uma panela![12]

LEONOR Não sei como tenho siso!
Jesus! Jesus! Que farei?
Não sei se me vá a El-Rei,
se me vá ao Cardeal.

MÃE E como? Tamanho é o mal?

LEONOR Tamanho? Eu to direi:

Vinha agora por ali
ao redor da minha vinha,
e um clérigo, mana minha,
por Deus! lançou mão de mim.[13]
Não me podia valer.
Diz que havia de saber
se eu era fêmea, se macho.

MÃE Hui! Seria algum muchacho[14]
que brincava por prazer?

LEONOR Sim, muchacho sobejava!
Era um zote tamanhouço![15]

---

[11] Tratamento de amizade, de grande intimidade.

[12] Isso porque, nesses tempos, usa-se cobre (metal de cor avermelhada) para fazer panelas.

[13] Em outras palavras, o clérigo a agarrou.

[14] Moço, garoto.

[15] Ou seja, "Que garoto, que nada... Era um tremendo de um homem!"

E eu andava no retouço
tão rouca que não falava.
Quando o vi pegar comigo,
que me achei naquele perigo:
(Te absolverei! — Não me absolverás!
Tomarei! — Não tomarás!)
"Jesus, homem, que hás contigo?"

"Irmã, eu te absolverei
com breviário de Braga."[16]
"Que breviário ou que praga!
Que não quero! Aqui d'El-Rei!"
Quando viu revolta a voda,[17]
foi, e esfarrapou-me toda
o cabeção da camisa.

MÃE Assim me fez dessa guisa
outro, no tempo da poda.

Eu cuidei que era jogo,
e ele... dai-o vós ao fogo!
Tomou-me tamanho riso,
riso em todo o meu siso,
e ele deixou-me logo.

LEONOR Sim, agora, ieramá![18]
também eu me ria cá
das coisas que me dizia.
Chamava-me "luz do dia".
(Nunca teu olho verá!...)

Se estivera de maneira
sem ser rouca, bradara eu!

---

[16] Foi impresso em 1494, em Braga, um breviário que diferia em vários pontos do rito romano, e em defesa do qual os arcebispos de Braga lutavam. Além disso, há um jogo de palavras: "bragas" tem o significado de "calças".

[17] "Quando viu que eu não cedia."

[18] Em má hora, na hora do diabo.

Mas logo o Demo me deu
catarrão e peitogueira,[19]
cócegas e cor de rir,
e coxa para fugir,
e fraca para vencer.
Porém pude me valer
sem me ninguém acudir.

O Demo, e não pode outra coisa ser,
se meteu no corpo dele.

MÃE Mana, conhecia-te ele?

LEONOR Mas queria-me conhecer![20]

MÃE Vistes vós tamanho mal?

LEONOR Eu me irei ao Cardeal,
e far-lhe-ei assim mesura,
e contar-lhe-ei a aventura
que achei no meu olival.

MÃE Não estás tu arranhada
de te carpir, nas queixadas.[21]

LEONOR Eu tenho as unhas cortadas,
e além disso estou tosquiada.
E mais para que era isso?
E mais para que é o siso?
E mais, no meio da requesta,
veio um homem de uma besta,[22]
que em vê-lo vi o Paraíso.

---

[19] Isto é, "tosse catarrenta".

[20] Jogo de palavras: "conhecer" significa também "ter relações sexuais com".

[21] A observação denota incredulidade. Segundo costume da época, a mulher que fosse vítima de atentado ao pudor deveria carpir-se, lacerar-se, como sinal de sua dor, e anunciar em brados pela cidade o crime a que fora submetida.

[22] O fato de estar o homem a cavalo indica ser ele de uma condição social mais alta.

E soltou-me, porque vinha,
bem contra sua vontade.
Porém, a falar verdade,
já eu andava cansadinha.
Não me valia rogar,
nem me valia chamar:
"Aque de Vasco de Foes![23]
Acudi-me, como soes!"[24]
E ele... senão pegar![25]

"Mais mansa, Leonor Vaz,
assim Deus te faça santa!"
"Trama te dê na garganta!
Como? Isso assim se faz!"
"Isto não releva nada..."
"Tu não vês que sou casada?"

MÃE Deras-lhe, má hora, boa,
e mordera-lo na coroa.

LEONOR Assim fora excomungada!

Não lhe dera um empuxão
porque sou tão maviosa
que é cousa maravilhosa.
E esta é a conclusão.
Deixemos isto. Eu venho
com grande amor que vos tenho,
porque diz o exemplo antigo
que "amiga e bom amigo
mais aquenta que o bom lenho".

Inês está concertada
para casar com alguém?

---

[23] Alferes-mor da Ordem de Cristo da vila de Tomar, onde a farsa foi representada. Tinha reputação de ser um velho galã.

[24] Isto é, "como costumas!"

[25] "E ele insistindo!"

MÃE Até agora com ninguém
não é ela embaraçada.

LEONOR Em nome do Anjo bento
eu vos trago um casamento.
Filha, não sei se vos praz.

INÊS E quando, Leonor Vaz?

LEONOR Já vos trago aviamento.

INÊS Porém não hei de casar
senão com homem avisado.[26]
Ainda que pobre e pelado,[27]
seja discreto em falar:
que assim o tenho assentado.[28]

LEONOR Eu vos trago um bom marido,
rico, honrado, conhecido.
Diz que em camisa[29] vos quer.

INÊS Primeiro eu hei de saber
se é parvo, se sabido.

LEONOR Nesta carta que aqui vem
para vós, filha, de amores,
veredes vós, minhas flores,
a discrição que ele tem.

INÊS Mostrai-ma cá, quero ver.

LEONOR Tomai. E sabedes vós ler?

---

[26] Culto.
[27] Sem recursos, pobre.
[28] Isto é, "que assim o decidi".
[29] Sem dote.

MÃE Hui! E ela sabe latim
e gramática e alfaqui,[30]
e tudo quanto ela quer!

(*Lê Inês Pereira a carta, a qual diz assim:*)

"Senhora amiga Inês Pereira:
Pero Marques, vosso amigo,
que ora estou na nossa aldeia,
mesmo na vossa merceia[31]
me encomendo, e mais digo,
digo que benza-vos Deus
que vos fez de tão bom jeito;
bom prazer e bom proveito
veja vossa mãe de vós;

E de mim também assim,
ainda que eu vos vi
este outro dia de folgar,
e não quisestes bailar
nem cantar diante de mim..."

INÊS Na boda de seu avô,
ou onde me viu ora ele?
Leonor Vaz, este é ele?

LEONOR Lede a carta sem dó,[32]
que ainda eu sou contente dele.[33]

(*Prossegue Inês Pereira com a carta:*)

..."nem cantar presente a mim.

---

[30] "Alfaqui" significa "médico" em árabe; a mãe de Inês usa o termo como se este significasse a própria língua árabe.

[31] "Mercê." Trata-se de uma forma provinciana de falar, o que indica a rusticidade de Pero Marques.

[32] Isto é, "leia a carta antes de julgar".

[33] Isto é, "que tenho boa impressão a seu respeito".

Pois Deus sabe a rebentinha[34]
que me fizestes então.
Ora, Inês, que hajais benção
de vosso pai, e a minha;
que venha isto a conclusão.

E rogo-vos como amiga,
que samicas[35] vós sereis,
que de parte me faleis,
antes que outrem vo-lo diga.
E, se não fiais de mim,
esteja vossa mãe aí
e Leonor Vaz de presente.[36]
Veremos se sois contente
que casemos na boa hora."

INÊS Desde que nasci até agora
não vi tal vilão[37] como este,
nem tanto fora de mão...

LEONOR Não queiras ser tão senhora:
casa, filha, que te preste;
não percas a ocasião.

Queres casar a prazer
no tempo de agora, Inês?
Antes casa, em que te pês,[38]
que não é tempo de escolher.
Sempre eu ouvi dizer:
"Ou seja sapo ou sapinho,
ou marido ou maridinho,
tenha o que houver mister".
Este é o certo caminho.

---

[34] Impressão.
[35] Talvez, porventura.
[36] Isto é, "de testemunha".
[37] Homem de vila, homem rústico.
[38] Em outras palavras: "Casa logo, ainda que isso lhe pese".

MÃE Por Deus, amiga, essa é ela!
“Mata o cavalo de sela,
e bô é o asno que me leva.”

LEONOR Filha, “no chão do Couce,
quem não puder andar, choute”.[39]
E mais quero quem me adore
que quem me faça com que chore.
Chamá-lo-ei, Inês?

INÊS Sim,
venha, e veja-me a mim;
quero ver, quando me vir,
se perderá o presumir
logo em chegando aqui,
para me fartar de rir.

MÃE Touca-te bem, se vier,
pois que para casar anda.

INÊS Essa é boa demanda!
Cerimônias há mister
homem que tal carta manda?
Eu o estou cá pintando...[40]
Sabeis, mãe, que eu adivinho?
Deve ser um vilãozinho...
Ei-lo se vem penteando:
será com algum ancinho?

(*Chega Pero Marques, vestido como filho de lavrador rico, com um gabão azul deitado ao ombro, com o capelo por diante, e diz:*)

PERO Homem que vai aonde eu vou
não se deve de correr.
Ria embora quem quiser,
que eu em meu siso estou.
Não sei onde mora aqui...

---

[39] Dito popular cujo sentido geral é: “antes pouco do que nada”.
[40] Imaginando.

olhai que me esquece a mim!...
Eu creio que nesta rua...
Esta parreira é sua.
Já conheço que é aqui.

(*Chega Pero Marques onde elas estão, e diz:*)

PERO Digo que estais muito embora.
Folguei ora de vir cá...
Eu vos escrevi de lá
uma cartinha, senhora...
e assim que... e de maneira...[41]

MÃE Tomai aquela cadeira.

PERO E que vale aqui uma destas?[42]

INÊS (Oh, Jesus! que João das Bestas!
Olhai aquela canseira!)

(*Pero assentou-se de costas para elas, e diz:*)

PERO Eu cuido que não estou bem...[43]

MÃE Como vos chamam, amigo?

PERO Eu Pero Marques me digo,
como meu pai, que Deus tem.
Faleceu, perdoai-lhe Deus,
que fora bem escusado,
e ficamos dois herdeiros,
porém, meu é o morgado.

---

[41] Pero está sem jeito, não sabe bem o que dizer.
[42] Pero continua meio sem jeito, atabalhoado.
[43] O cômico da situação é que a cadeira estava de costas para as mulheres, e Pero, em vez de virá-la de frente, sentou-se de costas para elas. Não estava familiarizado com o uso desse objeto.

MÃE De morgado é vosso estado?
Isso viria dos céus.

PERO Mais gado tenho eu já quanto,
e o maior de todo o gado,
digo maior algum tanto.
E desejo ser casado,
prouvesse ao Espírito Santo!
com Inês, que eu me espanto
quem me fez seu namorado.
Parece moça de bem,
e eu de bem sou também.
Ora vós ide lá vendo
se lhe vem melhor ninguém,
a segundo o que eu entendo.

Cuido que lhe trago aqui
peras da minha pereira:
hão de estar na derradeira.
Inês, segurai isto aí.

INÊS E isso hei de ter na mão?

PERO Deitai as peias[44] no chão.

INÊS As perlas para enfiar,
três chocalhos e um novelo,
e as peias no capelo...
E as peras, onde estão?

PERO Nunca tal me aconteceu...
Algum rapaz mas comeu,
que as meti no capelo,
e ficou aqui o novelo,
e o pente não se perdeu,
pois trazi-as de boa mente...

---

[44] Objetos usados para se prender os pés dos animais, para que eles não se afastem.

INÊS Fresco vinha o presente,
com folhinhas borrifadas...

PERO Não, que elas vinham chentadas[45]
cá no fundo, no mais quente.

Vossa mãe foi-se? Ora bem!
Sós nos deixou ela assim?
Quanto a mim quero-me ir daqui,
não diga algum demo alguém...

INÊS Vós que me havíeis de fazer,
nem ninguém que há de dizer?
(O galante despejado!)[46]

PERO Se eu fora já casado,
de outra arte havia de ser...
como homem de bom recado.

INÊS (Quão desviado este está!
Todos andam por caçar
suas damas sem casar,
e este... tomade-o lá!)

PERO Vossa mãe é lá no muro.

INÊS Minha mãe eu vos asseguro
que ela venha cá dormir.

PERO Pois, senhora, quero-me ir,
antes que venha o escuro.

Virá cá Leonor Vaz,
veremos que lhe dizeis.

---

[45] Colocadas, assentadas.
[46] Atrevido.

INÊS Homem, não aporfieis,
que não quero, nem me praz.
Ide casar a Cascais!

PERO Não vos anojarei[47] mais,
ainda que saiba estalar;
e prometo não casar
até que vós não queirais.

(Estas vos são elas a vós![48]
Anda homem a gastar calçado
e, quando cuida que é aviado,
escarnefucham[49] de vós!)
Não sei se fica lá a peia...
Por Deus! bô ia eu à aldeia!
Senhora, cá fica o fato...

INÊS Olhai se o levou o gato...

PERO Inda não tendes candeia!

Ponho por caso que alguém
vem, como eu vim agora,
e vos acha só a tal hora.
Parece-vos que será bem?
Ficai-vos ora com Deus;
cerrai a porta sobre vós,
com vossa candeiazinha...
E, se tiveres de ser minha,
entonces veremos nós...

(*Vai-se Pero Marques, e diz Inês Pereira:*)

INÊS Pessoa conheço eu
que levara outro caminho...

---

[47] Insistirei.
[48] Isto é, "As mulheres são assim!".
[49] Zombam.

Casai lá com um vilãozinho
mais covarde que um judeu!
Se fora outro homem agora
e me topara a tal hora,
estando assim às escuras,
falara-me mil doçuras,
ainda que mais não fora...

(*Vem a Mãe e diz:*)

MÃE Pero Marques foi-se já?

INÊS Para que era ele aqui?

MÃE Não te agrada ele a ti?

INÊS Vá-se muitieramá![50]
Que sempre disse e direi:
mãe, eu me não casarei
senão com homem discreto,
e assim vo-lo prometo;
ou antes o deixarei.

Que seja homem malfeito,
feio, pobre, sem feição;
como tiver discrição,
não lhe quero mais proveito.
E saiba tanger viola,
e coma eu pão e cebola,
sequer uma cantiguinha!
Discreto, feito em farinha,
porque isto me degola.[51]

MÃE Sempre tu hás de bailar,
e sempre ele há de tanger?
Se não tiveres que comer,
o tanger te há de fartar?

---

[50] Em outras palaras: "Vá para o diabo!"
[51] Agrada-me.

INÊS “Cada louco com sua teima.”
Com uma borda de boleima[52]
e uma vez de água fria,
não quero mais cada dia.

MÃE Como às vezes isso queima!

E que é desses escudeiros?

INÊS Eu falei ontem ali
que passaram por aqui
os judeus casamenteiros,
e hão de vir logo aqui.

(*Entram os judeus casamenteiros, chamados um Latão e o outro Vidal. Latão diz:*)

LATÃO Ou de cá! Quem está lá?

VIDAL Em nome de Deus! Aqui somos!

LATÃO Não sabeis quão longe fomos.

VIDAL Corremos a ira má.[53]

Este e eu.

LATÃO Eu e este.

VIDAL Pela lama e pelo pó,
que era para haver dó!
Com chuva, sol e nordeste.
Foi a coisa de maneira,
tal friúra e tal canseira
que trago as tripas maçadas.

---

[52] Bolo feito com farinha, açúcar e canela.
[53] Expressão retirada dos termos eramá, ieramá, eiaramá, da etimologia popular, que derivam da interjeição “em hora má”.

Assim me fadem boas fadas,
que me saltou caganeira!

Para vossa mercê ver
o que nos encomendou...

LATÃO O que nos encomendou
será... se houver de ser.
Todo este mundo é fadiga...
Vós dissestes, filha amiga,
que vos buscássemos logo...

VIDAL E logo pusemos fogo...

LATÃO Cala-te!

VIDAL Não queres que diga?
Não sou eu também do jogo?

LATÃO Não fui eu também contigo?
Tu e eu, não somos eu?
Tu judeu e eu judeu,
não somos massa dum trigo?

VIDAL Sim, somos, juro por Deus!

LATÃO Deixa-me falar.

VIDAL Já calo.
Senhora, há já três dias...

LATÃO Falas-lhe tu, ou eu falo?
Ora dize o que dizias:
que foste, que fomos, que ias
buscá-lo, esgaravatá-lo...[54]

---

[54] Descobri-lo.

VIDAL Vós, amor, quereis marido
discreto e de viola...

LATÃO Esta moça não é tola,
que quer casar por sentido...

VIDAL Judeu, queres-me deixar?...

LATÃO Deixo, não quero falar.

VIDAL Buscamo-lo...

LATÃO Demo, foi logo!
Crede que o vosso rogo
vencerá o Tejo e o mar.
Eu cuido que falo... e calo.
Calo eu agora ou não?
Ou falo se vem à mão?
Não digas que não te falo...

INÊS Jesus! Guarde-me ora Deus![55]
Não falará um de vós?
Já queria saber isso.

MÃE Que siso, Inês, que siso
tens debaixo desses véus!

INÊS Diz o exemplo da velha:[56]
"O que não haveis de comer,
deixai-o a outrem mexer".

MÃE Eu não sei quem te aconselha.

INÊS Enfim, que novas trazeis?

---

[55] Isto é, "Valha-me Deus!"
[56] Isto é, "Diz o provérbio:"

VIDAL O marido que quereis,
de viola e dessa sorte,
não no há senão na Corte,
que cá não no achareis.

Falamos a Badajoz,[57]
músico, discreto, solteiro:
este fora o verdadeiro,
mas... soltou-se-nos da noz.[58]
Fomos a Vilhacastim[59]
e... falou-nos em latim:
"Vinde cá daqui a uma hora,
e trazei-me essa senhora..."

INÊS Tudo é nada enfim?

VIDAL Esperai! Aguardai ora!
Soubemos de um escudeiro,
de feição de atafoneiro,[60]
que virá logo essa hora,
que fala — e como ora fala!
estrugirá esta sala...
e tange — e como ora tange!
Alcança quanto abrange,
e se preza bem da gala.

❖

[57] Trata-se do músico de câmara de D. João III.
[58] Isto é, "escapou-se-nos".
[59] Músico espanhol que deve ter estado em Portugal.
[60] Profissão daquele que trabalha em um moinho.

Inês mal-maridada

SEGUNDA JORNADA

(*Vem o Escudeiro com seu Moço, que lhe traz uma viola, e diz, falando consigo mesmo:*)

ESCUDEIRO Se esta senhora é tal
como os Judeus ma gabaram,
certo os anjos a pintaram
e não pode haver outra igual:
diz que os olhos com que via
eram de Santa Luzia,
cabelos, da Madanela...
Se fosse moça tão bela,
como donzela seria?

Moça de vila será ela,
com sinalzinho postiço,
e sarnosa no toutiço,
como burra de Castela.
Eu, assim que chegar,
cumpre-me bem atentar
se é garrida, se honesta,
porque o melhor da festa
é achar siso e calar.

MÃE Se este escudeiro há de vir,
e é homem de discrição,
hás te de pôr em feição,
e falar pouco, e não rir.
E mais, Inês, não muito olhar,
e muito chão o menear,
por que te julguem por muda:
porque a moça sisuda
é uma pérola para amar.

ESCUDEIRO Olha cá, Fernando, eu vou
ver a com que hei de casar.

Avisa-te, que hás de estar
sem barrete onde eu estou.

MOÇO (Como a rei, corpo de mim![61]
Muito bem vai isso assim!)

ESCUDEIRO E se cuspir, por ventura,
põe-lhe o pé, e faze mesura.[62]

MOÇO (Ainda eu isso não vi!)

ESCUDEIRO E se me vires mentir,
gabando-me de privado,[63]
está tu dissimulado,
ou sai-te lá fora a rir:
isto te aviso daqui,
faze-o por amor de mim.

MOÇO Porém, senhor, digo eu
que mau calçado é o meu
para estas vistas assim.

ESCUDEIRO Que farei, que o sapateiro
não tem solas, nem tem pele?

MOÇO Sapatos me daria ele
se me vós désseis dinheiro.

ESCUDEIRO Eu o haverei agora;
e mais, calças te prometo.

---

[61] Interjeição equivalente a "corpo de Deus!".

[62] A situação é a seguinte: o escudeiro, na verdade, é um camponês pobre, que finge estar à serviço de um grande fidalgo, o Marechal. O moço a seu serviço é igualmente um pobre diabo maltrapilho, ao qual o escudeiro tenta precariamente instruir para agir como um criado. Inês, como vimos, deseja por marido um homem da corte, ainda que pobre, preferindo-o a um homem do campo, ainda que rico. A mesura ao escarro é uma sátira ao excesso de cortesias.

[63] Isto é, "gabando-me de ser íntimo da corte".

MOÇO (Homem que não tem nem preto[64]
casa muito na má hora!)

(*Chega o Escudeiro onde está Inês Pereira; levantam-se todos, fazem suas mesuras, e diz o Escudeiro:*)

ESCUDEIRO Antes que mais diga agora,
Deus vos salve, fresca rosa,
e vos dê por minha esposa,
por mulher e por senhora.
Que bem vejo
nesse ar, nesse despejo,
mui graciosa donzela,
que vós sois, minha alma, aquela
que eu busco e que desejo.

Obrou bem a natureza
em vos dar tal condição
que amais a discrição
muito mais que a riqueza.
Bem parece
que só discrição merece
gozar vossa formosura,
que é tal que, de ventura,
outra tal não se acontece.

Senhora, eu me contento
receber-vos como estais;
se vós vos não contentais,
o vosso contentamento
pode falecer, nada mais.

LATÃO Como fala!

VIDAL Mas ela, como se cala!
Tem atento o ouvido...

---

[64] Moeda de cobre (de valor baixo).

LATÃO Este há de ser seu marido,
segundo a coisa se abala.[65]

ESCUDEIRO Eu não tenho mais de meu
somente ser comprador[66]
do Marechal,[67] meu senhor,
e sou escudeiro seu.
Sei bem ler
e muito bem escrever,
e bom jogador de bola;
e, quanto a tanger viola,
logo me ouvireis tanger.

– Moço, que estás lá olhando?

MOÇO Que manda Vossa Mercê?

ESCUDEIRO Que venhas cá!

MOÇO Para quê?

ESCUDEIRO Para fazeres o que mando!

MOÇO Logo vou.
(O diabo me tomou
tirar-me de João Montês
por servir um tavanês,[68]
mor doido que Deus criou!)

ESCUDEIRO Fui despedir um rapaz,
que valia Perpinhão,[69]

---

[65] Em outras palavras: "pelo jeito que as coisas se encaminham".

[66] A função do encarregado das compras. Trata-se de uma posição que gozava de prestígio.

[67] Trata-se de D. Álvaro Coutinho, um importante dignatário da Corte.

[68] Doidivanas.

[69] Isto é, "que valia uma fortuna!" Perpinhão era uma cidade dos Pirineus orientais, ocupada pela França e depois pela Espanha, famosa por suas riquezas.

por tomar este ladrão...
— Moço! Moço!

MOÇO Que vos praz?

ESCUDEIRO A viola!

MOÇO (Oh, como ficará tola,
se não fosse casar antes
com mais sáfio bargante[70]
que coma pão e cebola!)

Ei-la aqui bem temperada:
não tendes que temperar.

ESCUDEIRO Faria bem de ta quebrar
na cabeça, bem migada.

MOÇO (E, se ela é emprestada,
quem na havia de pagar?)
Meu amo, eu quero-me ir.

ESCUDEIRO E quando queres partir?

MOÇO Antes que venha o inverno;
porque vós não dais governo
para vos ninguém servir.

ESCUDEIRO Não dormes tu que te farte?

MOÇO No chão... e o telhado por manta;
e cerra-se-me a garganta
com fome...

ESCUDEIRO Isso tem arte...

---

[70] Grosseiro patife. O sentido geral destes últimos versos é que o Moço, observando a atitude de Inês (embora calada e discreta, está encantada com as palavras do Escudeiro), diz consigo mesmo que se a moça não se casasse depressa com aquele patife ficaria louca.

MOÇO Vós sempre zombais assim.

ESCUDEIRO Oh, que boas vozes tem
esta viola aqui!
Deixa-me casar a mim,
depois eu te farei bem.

MÃE Agora vos digo eu
que Inês está no Paraíso.

INÊS Que tendes de ver com isso?
Todo o mal há de ser meu!

MÃE Quanta doidice!

INÊS Como é seca a velhice!
Deixai-me ouvir e folgar,
que não me hei de contentar
de casar com parvoíce.

Pode ser maior riqueza
que um homem avisado?

MÃE Muitas vezes, mal pecado!
é melhor boa simpleza.

LATÃO Ora ouvi e ouvireis;
escudeiro, cantareis
alguma boa cantadela.
Namorai esta donzela.
Esta cantiga direis:

(Canta o Judeu:)

"Canas do amor, canas,
canas do amor.
Pelo longo de um rio,
canavial vi florido,
canas do amor."

(*Canta o escudeiro o romance de Mal me quieren en Castilla,*[71] *e diz Vidal:*)

VIDAL Latão, já o sono é comigo
como ouço cantar guaiado,[72]
que não vai esfandegado.[73]

LATÃO E se é o demo que eu digo!
Viste cantar Dona Sol:
"Pelo mar vai a vela,
vela vai pelo mar?"

VIDAL Filha Inês, assim vivais,
que tomeis este senhor,
escudeiro, cantador,
e caçador de pardais,
sabedor, rebolvedor,[74]
falador, gracejador,
afoitado pela mão,
e sabe de gavião.
Tomai-o, por meu amor!

Podeis topar um rabujento,
desmazelado, baboso,
descancarrado,[75] brigoso,
medroso, carrapatento.[76]
Este escudeiro, é certo,
onde se derem pancadas,
ele as há de levar
boas; se não apanhar,
nele tendes boas fadas.

---

[71] Romance muito popular na península.
[72] Choroso.
[73] Desafinado.
[74] Brigão.
[75] Desavergonhado.
[76] Embusteiro.

MÃE Quero rir, com toda a mágoa,
destes teus casamenteiros;
nunca vi Judeus ferreiros
aturar tão bem a forja.
Não te é melhor, mal por mal,
Inês, um bom oficial
que te ganhe nessa praça,
que é um escravo de graça?
E casarás com teu igual.

LATÃO Senhora, perdei cuidado:
o que há de ser, há de ser,
e ninguém pode tolher
o que está determinado.

VIDAL Assim diz Rabi Zarão.

MÃE Inês, guarda-te de rascão![77]
Escudeiro queres tu?

INÊS Jesus, nome de Jesus,
quão fora sois de feição!

Já, minha mãe adivinha,
houvestes por vaidade
casar à vossa vontade;
eu quero casar à minha.

MÃE Casa, filha, muito embora!

ESCUDEIRO Dai-me essa mão, senhora.

INÊS De muito boa mente.

ESCUDEIRO Por palavras de presente
vos recebo desde agora.

---

[77] Vadio.

Nome de Deus assim seja!
Eu, Brás da Mata, escudeiro,
recebo a vós, Inês Pereira,
por mulher e por parceira,
como manda a Santa Igreja.

INÊS Eu aqui, diante Deus,
Inês Pereira, recebo a vós,
Brás da Mata, sem demanda,
como a Santa Igreja manda.

LATÃO Juro a Deus! Aí somos nós!

(*Ambos os judeus dizem:*)

Alça manim, dona, ao dono, ha![78]
Arrea espeçulá!
Bento o Deus de Jacó,
bento o Deus que a Faraó
espantou e espantará!
Bento o Deus de Abraão!
Benta a terra de Canaã!
Para bem sejais casados!

VIDAL Dai-nos cá senhos[79] ducados!

MÃE Amanhã vo-los darão.

Pois assim é, bem será
que não passe isto assim;
eu quero chegar ali
chamar meus amigos cá,
e cantarão de terreiro.

ESCUDEIRO Oh! quem me fora solteiro!

---

[78] Os versos são escritos de forma a imitar o modo de falar dos judeus.
[79] Um ducado para cada um.

INÊS Já vós vos arrependeis!

ESCUDEIRO Ó esposa, não faleis,
que casar é cativeiro.

(*Vem a mãe com certas moças e moços, para fazerem a festa, e diz uma delas, por nome Luzia:*)

LUZIA Inês, por teu bem te seja!
Oh, que esposo e que alegria!

INÊS Venhas embora, Luzia,
e cedo te eu assim veja.

MÃE Ora vai tu ali, Inês,
e bailareis três por três.

FERNANDO Tu conosco, Luzia, aqui,
e a desposada ali:
ora vede qual direis.[80]

(*Cantam todos a cantiga que se segue:*)

"Mal herida va la garza
enamorada;
sola va, y gritos dava.
A las orillas de un río
la garza tenía el nido;
ballestero la ha herido
en el alma;
sola va, y gritos dava."

FERNANDO Ora, senhores honrados,
ficai com vossa mercê,
e Nosso Senhor vos dê
com que vivais descansados.
Isto foi assim agora,

---

[80] Escolha a cantiga que iremos entoar.

mas melhor será outrora;
perdoai pelo presente:
foi pouco e de boa mente...
Com vossa mercê, senhora.

LUZIA Ficai com Deus, desposados,
com prazer e com saúde,
e sempre Ele vos ajude
com que sejais bem logrados.

MÃE Ficai com Deus, filha minha,
não virei cá tão asinha.[81]
A minha benção hajais.
Esta casa em que ficais
vos dou, e vou-me à casinha.[82]

— Senhor filho e senhor meu,
pois que já Inês é vossa,
vossa mulher e esposa,
encomendo-vo-la eu.
E pois que, desde que nasceu,
a outrem não conheceu,
senão a vós, por senhor,
que lhe tenhais muito amor,
que amado sejais no Céu.

(*Saindo a Mãe, fica Inês Pereira e o Escudeiro. Senta-se Inês Pereira a lavrar, e canta esta cantiga:*)

"Si no os huviera mirado,
no penara,
pero tampoco os mirara."

(*O Escudeiro, vendo Inês Pereira cantar, muito agastado lhe diz:*)

[81] Depressa.

[82] Provavelmente a mãe de Inês estivesse dizendo que iria para a casa menor; todavia há aí um elemento de humor, pois "casinha" também significa "banheiro, latrina".

ESCUDEIRO Vós cantais, Inês Pereira?
Em bodas me andáveis vós?
Juro ao corpo de Deus
que esta seja a derradeira!
Se vos eu vejo cantar,
eu vos farei assoviar...

INÊS À boa-fé,[83] senhor meu marido,
se vós disso sois servido,
bem o posso eu escusar.

ESCUDEIRO Mas é bem que o escuseis,
e outras coisas que não digo.

INÊS Por que bradais vós comigo?

ESCUDEIRO Será bem que vos caleis.
E mais, sereis avisada
que não me respondais nada,
em que ponha fogo a tudo;
porque o homem sisudo
traz a mulher sopeada.[84]

Vós não haveis de falar
com homem nem mulher que seja;
nem somente ir à igreja
não vos quero eu deixar.
Já vos preguei as janelas,
porque vos não ponhais nelas;
estareis assim encerrada,
nesta casa tão fechada,
como freira de Odivelas.[85]

INÊS Que pecado foi o meu?
Por que me dais tal prisão?

---

[83] Francamente.
[84] Submetida
[85] Convento onde a reclusão era rigorasamente observada.

ESCUDEIRO Vós buscastes discrição...
que culpa vos tenho eu?
Pode ser maior aviso,
maior discrição e siso,
que guardar o meu tesouro?
Não sois vós, mulher, meu ouro?
Que mal faço em guardar isso?

Vós não haveis de mandar
em casa somente um pelo.
Se eu disser: "Isto é novelo",
havei-lo de confirmar.
E mais, quando eu vier
de fora, haveis de tremer;
e coisa que vós digais
não vos há de valer mais
que aquilo que eu quiser.

— Moço, às partes d'além[86]
me vou fazer cavaleiro.

MOÇO (Se vós tivésseis dinheiro,
não seria senão bem.)

ESCUDEIRO Tu hás de ficar aqui;
olha por amor de mim
o que faz tua senhora.
Fechá-las sempre de fora
— Vós lavrai, ficai por ali.

MOÇO Com o que me vós deixais
não comerei eu galinhas...

ESCUDEIRO Vai-me tu por essas vinhas...
Que diabo queres mais?

---

[86] Norte da África.

MOÇO Olhai, olhai, como rima!
E depois de ida a vindima?

ESCUDEIRO Apanha desse rabisco.[87]

MOÇO Pesar ora de S. Pisco![88]
Convidarei minha prima...

E o rabisco acabado,
ir-me-ei espojar às eiras?

ESCUDEIRO Vai-te por essas figueiras
e farta-te, desmazelado!

MOÇO Assim!

ESCUDEIRO Pois que cuidavas?
E depois virão as favas.
Conheces túbaras da terra?

MOÇO (Ide-vos vós embora à guerra,
que eu vos cantarei oitavas...)[89]

(*Partindo o Escudeiro, diz o Moço:*)

MOÇO Senhora, o que ele mandou
não posso menos fazer.

INÊS Pois que te dá de comer...
faze o que te encomendou.

MOÇO Vós, fartai-vos de lavrar;
eu me vou desenfadar

---

[87] Sobras.

[88] Uma forma de juramento, na qual o nome do santo é substituído por um pássaro, burlando a proibição de invocar a toda hora os santos.

[89] O moço está ironizando: "oitavas" eram as prestações devidas pelo lavrador ao proprietário das terras.

com essas moças lá fora.
Vós perdoai-me, senhora,
porque vos hei de fechar.

(*Aqui fica Inês Pereira só, fechada, lavrando e cantando esta cantiga:*)

"Quem bem tem e mal escolhe,
por mal que lhe venha, não se anoje."[90]

(*Falado:*)

INÊS Renego da discrição,
comendo ao Demo o aviso,
que sempre cuidei que nisso
estava a boa condição;
cuidei que fossem cavaleiros,
fidalgos e escudeiros,
não cheios de desvarios,
e em suas casas macios
e na guerra lastimeiros.[91]

Vede que cavalaria!
Vede já que mouros mata
quem sua mulher maltrata,
sem lhe dar de paz um dia!
E sempre ouvi dizer
que homem que isto fizer
nunca mata dragão em vale,
nem mouro que chamem Ale.
E assim deve ser.

Juro em todo meu sentido
que, se solteira me vejo,
assim como eu desejo,

---

[90] Isto é, "não se queixe".
[91] Corajosos.

que eu saiba escolher marido,
à boa-fé, sem mal engano,
pacífico todo o ano,
que ande a meu mandar...
Havia-me eu de vingar
deste mal e deste dano!

❖

Inês quite e desforrada

TERCEIRA JORNADA

(*Entra o Moço com uma carta de Arzila, e diz:*)

MOÇO Esta carta vem d'além,
creio que é de meu senhor.

INÊS Mostrai cá, meu guarda-mor,
veremos o que aí vem.

(*Lê o sobrescrito.*)

"À mui prezada senhora
Inês Pereira da Grã,
a senhora minha irmã."

INÊS De meu irmão! Em boa hora!

MOÇO Vosso irmão está em Arzila?
Apostarei que aí vem
nova de meu senhor também.

INÊS Já ele partiu de Tavila?

MOÇO Há três meses que é passado.

INÊS Aqui virá logo recado
se lhe vai bem, ou que faz.

MOÇO Bem pequena é a carta assaz!

INÊS Carta de homem avisado...

(*Lê Inês Pereira a carta, a qual diz:*)

"Muito honrada irmã,
esforçai o coração

e tomai por devoção
de querer o que Deus quer."

INÊS (E isto que quer dizer?)
"E não vos maravilheis
de coisa que o mundo faça
que sempre nos embaraça
com coisas. Sabei que, indo
vosso marido fugindo
da batalha para a vila,
a meia légua de Arzila,
o matou um mouro pastor."

MOÇO Oh, meu amo e meu senhor!

INÊS Dai-me vós cá essa chave,
e ide buscar vossa vida.

MOÇO Oh, que triste despedida!

INÊS Mas que nova tão suave!
Desatado é o nó!
Se eu por ele ponho dó,
o Diabo me arrebente!
Para mim era valente,
e matou-o um mouro só!

Cuidado com cavaleirão,
barbudo, repetenado[92]
que, em figura de avisado,
é maldoso e sotrancão.[93]
Agora quero tomar,
para boa vida gozar,
um muito manso marido;
não o quero já sabido,
pois tão caro há de custar.

---

[92] Insolente.
[93] Fingido.

(*Vem Leonor Vaz; Inês Pereira finge estar chorando. Diz Leonor Vaz:*)

LEONOR Como estais, Inês Pereira?

INÊS Muito triste, Leonor Vaz.

LEONOR Que fareis ao que Deus faz?

INÊS Casei por minha canseira.[94]

LEONOR Se ficastes prenhe, basta.

INÊS Bem quisera eu dele casta,
mas não quis minha ventura.

LEONOR Filha, não tomeis tristura,
que a morte a todos gasta.

O que havedes de fazer?
Casade-vos, minha filha.

INÊS Jesus, Jesus! Tão asinha?
Isso me haveis de dizer?
Quem perdeu um tal marido,
tão discreto e tão sabido,
e tão amigo de minha vida...

LEONOR Dai isso por esquecido,
e buscai outra guarida.

Pero Marques tem, que herdou,
fazenda de mil cruzados;
mas vós quereis avisados...

INÊS Não, já esse tempo passou!
Sobre quantos mestres são
a experiência dá lição.

---

[94] Isto é, "casei para minha infelicidade".

LEONOR Pois tendes esse saber,
querei ora quem vos quer,
dai ó Demo a opinião!

(*Vai Leonor Vaz a Pero Marques, e fica Inês Pereira só, dizendo:*)

INÊS Andar! Pero Marques seja!
Quero tomar por esposo
quem se tenha por ditoso
de cada vez que me veja.
Por usar de siso mero
asno que me leve quero,
e não cavalo folão.
Antes lebre que leão;
antes lavrador que Nero.

(*Vem Leonor Vaz com Pero Marques, e diz Leonor Vaz:*)

LEONOR Não mais cerimônias agora;
abraçai Inês Pereira
por mulher e por parceira.

PERO Há homem, empacho, má hora!
Quanto a dizer abraçar,
depois que a eu usar,
e então poderá ser.[95]

INÊS Não lhe quero mais saber;
já me quero contentar.

LEONOR Ora dai-me essa mão cá.
Sabeis as palavras, sim?

PERO Ensinaram-mas a mim,
porém esquecem-me já.

---

[95] Em outras palavras: Com os diabos, um homem se embaraça! Depois que acertamos tudo, depois que nos casarmos, daí, sim, abraçarei Inês.

LEONOR Ora dizei como digo...

PERO E tendes vós aqui trigo
para nos jeitar por cima?[96]

LEONOR Inda é cedo, como rima!

PERO Em suma: vós casais comigo
e eu convosco, pardelhas![97]
Não cumpre aqui mais falar;
e, quando vos eu negar,
que me cortem as orelhas!

LEONOR Vou-me. Ficai-vos embora.

(*Vai-se, e diz Inês Pereira:*)

INÊS Marido, sairei eu agora,
que há muito que não saí.

PERO Sim, mulher, saí vós aí,
que eu me irei para fora.

INÊS Marido, não digo disso.[98]

PERO Pois que dizeis, vós mulher?

INÊS Ir folgar onde eu quiser.

PERO Ide onde quiserdes ir;
vinde, quando quiserdes vir;
estai, quando quiserdes estar.
Com que podeis vós folgar
que eu não deva consentir?

---

[96] Jogar trigo sobre os noivos (ou arroz, como é costume entre nós) expressa um bom augúrio e votos de prosperidade ao casal.

[97] Forma popular de "Por Deus!"

[98] A cena é de humor: "sair" também tem o sentido de defecar, e foi este o sentido que Pero entendeu.

(*Vem um Ermitão a pedir esmola, que em moço foi apaixonado por Inês, e diz:*)

ERMITÃO *Señores, por caridad,*
dad limosna al dolorido
ermitaño de Cupido,
para siempre en soledad,
pues su siervo soy nacido.
Por ejemplo,
me meti en su santo templo,
ermitaño en pobre ermita,
fabricada de infinita
tristeza en que contemplo;

adonde rezo mis horas,
y mis días y mis años,
mis servicios y mis daños;
donde tu, mi alma, lloras
el fin de tantos engaños.
Y acabando
las horas, todas llorando,
tomo las cuentas una a una,
con que tomo a la Fortuna
cuenta del mal en que ando,
sin esperar paga alguna.

Y así, sin esperança
de cobrar lo merecido,
sirvo alli mis días Cupido
con tanto amor sin mudança
que soy su santo escogido.
Ó señores,
los que bien os va de amores,
dad limosna al sin holgura
que habita en sierra escura,
uno de los amadores
que tuvo menos ventura.

Yo rogaré al diós de mí
en quien mis sentidos traigo

que recibais mejor pago
de lo que yo recibí
en esta vida que hago.
Y rezaré
con gran devoción y fe
que Dios os libre de engaño;
que eso me hizo ermitaño,
y para siempre seré,
pues para siempre es mi daño.[99]

INÊS Olhai cá, marido amigo,
eu tenho por devoção
dar esmola a um ermitão,
e não vades vós comigo.

PERO Ide-vos embora, mulher,
não tenho lá que fazer.

INÊS Tomai a esmola, padre, lá,
pois que Deus vos trouxe aqui.

ERMITÃO *Sea por amor de mi*
vuestra buena caridad.

Deo gratias! mi señora,
la limosna mata el pecado;
pero vos tenéis cuidado
de matarme cada hora.
Devéis saber,
para mercé me hazer,
que por vos soy ermitaño,
y aún más os desengaño,
que esperanças de os ver
me hizieron vestir tal paño.

---

[99] Parecendo de religiosa adoração, no fundo os versos do Ermitão exprimem uma declaração de amor a Inês Pereira. Pero Marques inocentemente assiste a tudo e de nada desconfia.

INÊS Jesus, Jesus! Manas minhas!
Sois vós aquele que um dia,
em casa de minha tia,
me mandastes camarinhas[100]
e, quando aprendia a lavrar,
mandáveis-me tanta coisinha?
Eu era ainda Inezinha,
não vos queria falar.

ERMITÃO *Señora, tengo os servido*
y vos a mi despreciado;
haced que el tiempo pasado
no se cuente por perdido.

INÊS Padre, mui bem vos entendo;
ao Demo vos encomendo,
que bem sabeis vós pedir!
Eu determino lá ir
à ermida,[101] Deus querendo.

ERMITÃO E quando?

INÊS Ide-vos, meu santo,[102]
que eu irei um dia destes,
muito cedo, muito prestes.

ERMITÃO *Señora, yo me voy en tanto.*

INÊS (Em tudo é boa a conclusão.)
— Marido, aquele ermitão
é um anjinho de Deus!

[100] Camarinhas eram um dos mimos com os quais se presenteavam as namoradas.

[101] O lugar onde o Ermitão habitava.

[102] Por levarem uma vida semelhante à dos religiosos, os ermitões eram às vezes considerados como padres e santos.

PERO Corrigi-vos esses véus
e ponde-vos em feição.[103]

INÊS Sabeis vós o que eu queria?

PERO Que quereis, minha mulher?

INÊS Que houvésseis por prazer
de irmos lá em romaria.

PERO Seja logo sem deter!

INÊS Este caminho é comprido;
contai uma história, marido.

PERO Por certo que me praz, mulher.

INÊS Passemos primeiro o rio,
descalçai-vos.

PERO E pois como?

INÊS Levar-me-eis ao ombro,
não me corte a madre[104] o frio.

(*Põe-se Inês Pereira às costas do marido e diz:*)

INÊS Marido, assim me levade!

PERO Ides à vossa vontade?

INÊS Como estar no Paraíso!

PERO Muito folgo eu com isso.

---

[103] Essa passagem é reveladora: depois de conversar a sós com o Ermitão, Inês volta em desalinho, a tal ponto que Pero pede-lhe que se recomponha.

[104] Trata-se de uma crendice popular segundo a qual o frio poderia deixar a mulher estéril. "Madre" significa útero.

INÊS Esperade ora, esperade!
Olhai que lousas aquelas
para pôr as talhas nelas.

PERO Quereis que as leve?

INÊS Sim:
uma aqui e outra aqui.
Oh, como folgo com elas!

Cantemos, marido, quereis?

PERO Eu não saberei entoar...

INÊS Pois eu hei só de cantar
e vós me respondereis,
cada vez que eu acabar:
"Pois assim se fazem as cousas".

(*Canta Inês Pereira:*)

INÊS "Marido cuco[105] me levades
e mais duas lousas."

PERO Pois assim se fazem as cousas.

INÊS Bem sabedes vós, marido,
quanto vos amo;
sempre fostes percebido[106]
para gamo.[107]
Carregado ides, nosso amo,
com duas lousas.

PERO Pois assim se fazem as cousas.

---

[105] Isto é, "marido enganado".
[106] Destinado.
[107] Animal semelhante ao cervo. Novamente a insinuação é "marido enganado".

INÊS Bem sabedes vós, marido,
quanto vos quero;
sempre fostes percebido
para cervo.[108]
Agora vos tomou o Demo
com duas lousas.

PERO Pois assim se fazem as cousas.

(*E assim se vão, e se acaba a dita farsa.*)

LAUS DEO.

❖

[108] Trata-se de um trocadilho: cervo e servo.

Auto da barca do Inferno

Auto da barca do Inferno

A primeira versão do *Auto da barca do Inferno* foi editada por Gil Vicente em 1517, de cujo folheto há um exemplar na Biblioteca Nacional de Madri. Uma segunda versão foi editada pelo filho do autor, Luís Vicente, em 1562, na *Compilaçam de todalas obras de Gil Vicente*. As duas versões diferem ligeiramente em alguns poucos pontos, como, por exemplo na quantidade de versos (a de 1517 tem 16 versos a mais que a de 1562) e em algumas palavras empregadas.

Esta edição é baseada preferencialmente na de 1517 — a que goza de maior prestígio em Portugal —, entretanto em algumas passagens problemáticas recorremos à segunda versão.

Personagens

ANJO (Arrais[1] do Céu)
DIABO (Arrais do Inferno)
COMPANHEIRO DO DIABO
FIDALGO
ONZENEIRO[2]
PARVO
SAPATEIRO
FRADE
FLORENÇA
BRÍSIDA VAZ (Alcoviteira)
JUDEU
CORREGEDOR
PROCURADOR
ENFORCADO
QUATRO CAVALEIROS

---

[1] Condutor da barca, capitão.
[2] Usurário.

Argumento

Representa-se na obra seguinte uma prefiguração sobre a rigorosa acusação que os inimigos fazem a todas as almas humanas, no momento em que, por morte de seus terrestres corpos, se partem. E por tratar desta matéria põe o Autor por figura que no dito momento elas chegam a um profundo braço de mar, onde estão dois batéis:[3] um deles passa para a Glória, outro para o Purgatório. É repartida em três partes: de cada embarcação, uma cena. Esta primeira é da viagem do Inferno.

Esta prefiguração se escreve, neste primeiro livro, nas obras de devoção, porque a segunda e terceira parte foram representadas na capela; mas esta primeira foi representada de câmara, para consolação da muito católica e santa rainha D. Maria, estando enferma do mal de que faleceu, na era do Senhor de 1517.[4]

---

[3] Barcas.

[4] Esta peça é a primeira da trilogia conhecida como *Trilogia das barcas*: do *Inferno* (1517) e a do *Purgatório* (1518), ambas em português, e a da *Glória* (1519), em espanhol. *O auto da barca do Inferno,* ao que tudo indica, teve uma encenação anterior, possivelmente em 1516, para D. Manuel, na época do Natal. A edição de 1517 tem um exemplar na Biblioteca Nacional de Madri. Na *Compilaçam,* o Argumento menciona a segunda encenação do modo como foi transcrito acima.

(*O primeiro interlocutor é um Fidalgo que chega com um pajem que lhe leva um rabo muito comprido*[5] *e uma cadeira de espaldar. E começa o Arrais do inferno desta maneira antes que o Fidalgo venha:*)

DIABO À barca, à barca, hou-lá![6]
que temos gentil maré!
— Ora, venha a caro a ré![7]

COMPANHEIRO DO DIABO Feito, feito!

DIABO Bem está.
Vai ali, nesta hora má
e estende naquele palanco,[8]
e despeja aquele banco
para a gente que virá.

À barca, à barca, uuh!
Depressa, que se quer ir!
Oh, que tempo de partir!
Louvores a Belzebu!
— Ora, sus,[9] que fazes tu?!
Despeja todo esse leito!

COMPANHEIRO DO DIABO Em boa hora, logo é feito.

DIABO Abaixa em má hora esse cu![10]
Faze aquela poja lesta[11]
e alija aquela driça.[12]

---

[5] A cauda longa da elegante vestimenta do Fidalgo.
[6] Forma de saudação.
[7] Aproximem-se a ré.
[8] Corda que serve para içar a vela.
[9] Eia!, coragem!
[10] A parte extrema do moitão, oposta à cabeça (termo náutico).
[11] Isto é, "Deixa livre aquela vela".
[12] "Atira fora aquele cabo."

COMPANHEIRO
DO DIABO Oh, caça! Oh! iça! iça!

DIABO Oh, que caravela esta!
Põe bandeiras, que é festa.
Verga alta! Âncora a pique!
— Ó precioso D. Henrique,
cá vindes vós?! Que coisa é esta?...

(*Vem o Fidalgo e, chegando ao batel*[13] *infernal, diz:*)

FIDALGO Esta barca onde vai ora,
assim tão abastecida?

DIABO Vai para a ilha perdida[14]
e há de partir nesta hora.

FIDALGO Para lá vai a senhora?[15]

DIABO Senhor, a vosso serviço.

FIDALGO Parece-me isso cortiço...

DIABO Porque a vedes lá de fora.

FIDALGO Porém, a que terra passais?

DIABO Para o Inferno, senhor.

FIDALGO Terra é bem sem-sabor.

DIABO Quê? E também cá zombais?

FIDALGO E passageiros achais
para tal habitação?

---

[13] Barco.
[14] O inferno.
[15] O Fidalgo, zombando, chama o Diabo de senhora.

DIABO Vejo-vos eu em feição
para ir ao nosso cais...

FIDALGO Parece-te a ti assim?

DIABO Em que esperas ter guarida?

FIDALGO Que deixo na outra vida
quem reze sempre por mim.

DIABO Quem reze sempre por ti!...
Hi! Hi! Hi! Hi! Hi! Hi! Hi!...
E tu viveste a teu prazer,
cuidando cá guarecer
porque rezem lá por ti?!
Embarcai! Hou! embarcai!,
que haveis de ir à derradeira...
Mandai meter a cadeira,
que assim passou vosso pai.

FIDALGO Quê? Quê? Quê? Assim lhe vai?!

DIABO Vai ou vem, embarcai prestes!
Segundo lá escolhestes,
assim cá vos contentais.

Pois que já a morte passastes,
haveis de passar o rio.

FIDALGO Não há aqui outro navio?

DIABO Não, senhor, que este fretastes,
e primeiro que expirastes
me tínheis dado sinal.

FIDALGO Que sinal foi esse tal?

DIABO Do que vós vos contentastes.[16]

---

[16] Quer-se aqui dizer que o Fidalgo havia levado uma vida de pecados.

(*O Fidalgo dirige-se à barca do Céu.*)

FIDALGO A esta outra barca me vou.
— Hou da barca, para aonde ides?
Ah, barqueiros, não me ouvis?!
Respondei-me! Hou-lá! Hou!...
— Por Deus, aviado[17] estou!
Quanto a isto é já pior.
Que gericocins, salvanor![18]
Cuidam cá que sou eu grou.

ANJO Que quereis?

FIDALGO Que me digais,
pois parti tão sem aviso,
se a barca do paraíso
é esta em que navegais.

ANJO Esta é; que demandais?

FIDALGO Que me deixeis embarcar;
sou fidalgo de solar,[19]
é bem que me recolhais.

ANJO Não se embarca tirania
neste batel divinal.

FIDALGO Não sei por que haveis por mal
que entre minha senhoria.

ANJO Para vossa fantasia
mui pequena é esta barca.

FIDALGO Para senhor de tal marca
não há aqui mais cortesia?

---

[17] Está em maus lençóis, perdido.

[18] O sentido desses dois últimos versos é: "Que asnos (gericocins), com todo o respeito (salvanor)! Pensam que eu sou um pássaro cujos pios não entendem".

[19] Nobre.

Venha prancha e atavio!
Levai-me desta ribeira!

ANJO Não vindes vós de maneira
para entrar neste navio.
Esse outro vai mais vazio:
a cadeira entrará,
e o rabo[20] caberá
e todo o vosso senhorio.

Ireis lá mais espaçoso,
Com fumosa[21] senhoria,
cuidando na tirania
do pobre povo queixoso;
e porque, de generoso,[22]
desprezastes os pequenos,
achar-vos-eis tanto menos
quanto mais fostes fumoso.

DIABO À barca, à barca, senhores!
Oh! Que maré tão de prata!
Um ventozinho que mata
e valentes remadores!
(*Cantando:*) *Vos me venirés a la mano;*
a la mano me veniredes,
e vos veredes
peixes nas redes.[23]

FIDALGO Ao inferno todavia!
Inferno há aí para mim?!
Oh, triste! Enquanto vivi
nunca cri que o aí havia.
Tive que era fantasia;
folgava em ser adorado;

---

[20] A já citada longa cauda da roupagem do fidalgo.
[21] Soberba, altiva.
[22] De ilustre nascimento.
[23] "Vós me vireis pela mão, / pela mão vós me vireis, / e como peixes nas redes / aqui vos encontrareis."

confiei em meu estado
e não vi que me perdia.

Venha essa prancha e veremos
esta barca de tristura.

DIABO Embarque vossa doçura,
que cá nos entenderemos...
Tomareis um par de remos,
veremos como remais;
e, chegando ao nosso cais,
nós vos desembarcaremos.

FIDALGO Mas esperai-me aqui,
tornarei à outra vida,
ver minha dama querida
que se quer matar por mim.

DIABO Que se quer matar por ti?!...

FIDALGO Isto bem certo o sei eu.

DIABO Ó namorado sandeu,
o maior que nunca vi!

FIDALGO Era tanto seu querer
que me escrevia mil dias.

DIABO Quantas mentiras que lias,
e tu... morto de prazer!

FIDALGO Para que se há de escarnecer,
que não havia mais no bem?[24]

DIABO Assim vivas tu, amém,
como te tinha querer!

---

[24] Que não havia amor mais elevado.

FIDALGO Isto quanto ao que eu conheço...

DIABO Pois, estando tu expirando,
se estava ela requebrando
com outro de menos preço.

FIDALGO Dá-me licença, te peço,
que vá ver minha mulher.

DIABO E ela, para não te ver,
despenhar-se-á dum precipício.

Quanto ela hoje rezou,
entre seus gritos e gritas,
foi dar graças infinitas
a quem a desassombrou.[25]

FIDALGO Quanto a ela, bem chorou.

DIABO Não há aí choro de alegria?!

FIDALGO E as lástimas que dizia?

DIABO Sua mãe lhas ensinou.

Entrai, meu senhor, entrai!
— Venha a prancha! — Ponde o pé!

FIDALGO Entremos, pois que assim é...

DIABO Ora, senhor, descansai,
passeai e suspirai;
logo virá mais gente.

FIDALGO Ó barca, como és ardente!
Maldito quem em ti vai!

---

[25] Em outras palavras, segundo o Diabo, a mulher do Fidalgo ficou bem feliz com a morte dele.

(*Diz o Diabo ao pajem*[26] *de cadeira*:)

DIABO Tu, seu moço, vai-te daí,
que a cadeira é cá sobeja.
Coisa que esteve na igreja
não se há de embarcar aqui.
Cá lha darão de marfim,
marchetada de dores,
com tais modos de lavores
que estará fora de si...

— À barca, à barca, boa gente,
que queremos dar à vela!
Chegar a ela! Chegar a ela!
Muitos e de boa mente!
Oh, que barca tão valente!

(*Vem um Onzeneiro e pergunta ao Arrais do Inferno:*)

ONZENEIRO Para onde caminhais?

DIABO Oh! Que má hora chegais,
onzeneiro meu parente!
Como tardaste vós tanto?

ONZENEIRO Mais quisera eu lá tardar.
Na safra do apanhar
me deu saturno quebranto.[27]

DIABO Ora mui muito me espanto
não vos livrar o dinheiro.

---

[26] O moço que levava a cadeira do seu senhor, para que este se sentasse na igreja.

[27] Isto é, Saturno (o deus que governa o tempo) tirou a vida do Onzeneiro enquanto este amealhava dinheiro.

ONZENEIRO Nem tão só para o barqueiro
não me deixaram nem tanto.[28]

DIABO Ora entrai, entrai aqui!

ONZENEIRO Não hei eu de aí embarcar!

DIABO Oh, que gentil recear,
e que coisas para mim!...

ONZENEIRO Inda agora faleci,
deixai-me buscar batel.

DIABO Pesar de Jam Pimentel![29]
Por que não irás aqui?

ONZENEIRO E para onde é a viagem?

DIABO Para onde tu hás de ir.
Estamos para partir,
não cuides de mais linguagem.

ONZENEIRO Mas para onde é a passagem?

DIABO Para a infernal comarca.

ONZENEIRO Disse, não vou em tal barca.
Esta outra tem avantagem.

(*Vai à barca do Anjo, e diz:*)

ONZENEIRO Hou da barca! Hou-lá! Hou!
Haveis logo de partir?

---

[28] Em outras palavras, o Onzeneiro reclama que nem para pagar o barqueiro lhe deixaram dinheiro.

[29] Segundo A. J. Saraiva, trata-se de uma figura conhecida do público de Gil Vicente. No contexto, a expressão parece corresponder a uma praga.

ANJO E onde queres tu ir?

ONZENEIRO Eu para o paraíso vou.

ANJO Pois quanto eu bem fora estou
de te levar para lá.
Essa outra te levará.
Vai para quem te enganou!

ONZENEIRO Por quê?

ANJO Porque esse bolsão[30]
tomará todo o navio.

ONZENEIRO Juro a Deus que vai vazio!

ANJO Não já no teu coração.

ONZENEIRO Lá me ficam de roldão
vinte e seis milhões numa arca.

(O Diabo, dirigindo-se ao anjo:)

DIABO Pois que onzena tanto abarca,
não lhe deis embarcação.

(*Torna o Onzeneiro à barca do Inferno, e diz:*)

ONZENEIRO Hou-lá! Hou demo barqueiro!
Sabeis vós no que me eu fundo?[31]
Quero lá tornar ao mundo

---

[30] O bolsão simboliza o usurário. Gil Vicente apresenta todos os seus personagens portando o símbolo de seus pecados: o Fidalgo traz o pajem e a cadeira; o Sapateiro, formas; o Corregedor, processos; o Judeu, bode; o Procurador, livros; o Frade, espada, capacete e a jovem Florença; a Alcoviteira, as mercadorias necessárias ao seu comércio. Apenas o Parvo e os quatro Cavaleiros não trazem nada de material.

[31] Isto é, "sabeis vós qual meu propósito?"

e trarei o meu dinheiro.
Aquele outro marinheiro,
porque me vê vir sem nada,
dá-me tanta borregada[32]
como arrais lá do Barreiro.

DIABO Entra, entra e remarás!
Não percamos mais maré!

ONZENEIRO Todavia...

DIABO Por força é!
queiras ou não, cá entrarás!
Irás servir Satanás,
pois que sempre te ajudou.

ONZENEIRO Oh, triste, quem me cegou?!

DIABO Cala-te, que cá chorarás.

(*Entrando o Onzeneiro no batel, encontrou o Fidalgo, e disse-lhe, tirando o barrete:*)

ONZENEIRO Santa Joana de Valdês![33]
Cá é vossa senhoria?!

FIDALGO Dá ao demo a cortesia!

DIABO Ouvis? Falai vós cortês!
Vós, fidalgo, cuidareis
que estais em vossa pousada?
Dar-vos-ei tanta pancada
com um remo que arrenegueis!

(*Aproxima-se Joane, o Parvo, e diz ao Arrais do Inferno:*)

PARVO Hou daquela!

---

[32] Insulto.
[33] Deve ser outra pessoa conhecida do público.

DIABO Quem é?

PARVO Sou eu.
É esta naviarra vossa?

DIABO De quem?

PARVO Dos tolos.

DIABO É vossa,
entrai.

PARVO De pulo ou de voo?
Oh, pesar de meu avô!
Em suma: vim a adoecer
e fui em má hora morrer,
e nela para mim só.

DIABO De que morreste?

PARVO De quê?
Samicas[34] de caganeira.

DIABO De quê?

PARVO De caga merdeira,
má rabugem que te dê!

DIABO Entra, põe aqui o pé.

PARVO Hou-lá, não tombe o barco!

DIABO Entra, tolaço eunuco,
que se nos vai a maré!

PARVO Aguardai, aguardai, hou-lá!
E onde havemos nós de ir ter?

---

[34] Talvez.

DIABO Ao porto de Lúcifer.

PARVO Hã?

DIABO Ao inferno, entra cá!

PARVO Ao inferno, ideia má.
Hiu! Hiu! Barca do cornudo,[35]
Pero Vinagre, beiçudo,
rachador de Alverca, huhá!

Sapateiro da Candosa!
Entrecosto de carrapato!
Hiu! Hiu! Caga no sapato,
filho da grande aleivosa!
Tua mulher é tinhosa
e há de parir um sapo
metido no guardanapo!
Neto da cagarrinhosa!
Furta-cebolas![36] Hiu! Hiu!
Excomungado nas igrejas!
Burrela, cornudo sejas!
Toma o pão que te caiu,
a mulher que te fugiu
para a Ilha da Madeira!
Ratinho[37] da Giesteira,
o demo que te pariu!

Hiu! Hiu! Lanço-te uma praga
de pica naquela!
Hiu! Hiu! Hiu! Caga na vela,
cabeça de grulha!
Perna de cigarra velha,

---

[35] Toda a sequência é um pitoresco xingamento ao Diabo. Nas comédias antigas o Parvo é presença constante, que além das costumeiras tolices, diz também verdades que outros não teriam coragem de dizer, demonstrando, às vezes, uma sabedoria inusitada.

[36] Ladrão barato.

[37] Trabalhador do campo na colheita do trigo.

caganita de coelha,
pelourinho da Pampulha,
rabo de forno de telha!

(*Vai o Parvo ao batel do Anjo e diz:*)

PARVO Hou da barca!

ANJO Tu, que queres?

PARVO Quereis me passar além?

ANJO Quem és tu?

PARVO Não sou ninguém.

ANJO Tu passarás, se quiseres;
porque em todos seus fazeres
por malícia não erraste.
Tua simpleza te baste
para gozar dos prazeres.

Espera entanto por aí,
veremos se vem mais alguém
merecedor de tal bem
que deva entrar aqui.

(*Chega ao batel infernal um Sapateiro com seu avental, carregado de formas, e diz:*)

SAPATEIRO Hou da barca!

DIABO Quem vem aí?

SAPATEIRO — Santo sapateiro honrado!

DIABO Como vens tão carregado?

SAPATEIRO Mandaram-me vir assim...
Mas para onde é a viagem?

DIABO Para a terra dos danados.

SAPATEIRO E os que morrem confessados,
por onde têm sua passagem?

DIABO Não cuides de mais linguagem,
que esta é tua barca, esta!

SAPATEIRO Renegaria eu da festa
e da barca e da barcagem!

Como poderá isso ser,
confessado e comungado?!

DIABO Tu morreste excomungado,
e não quiseste dizer.
Esperavas de viver;
calaste dez mil enganos;
tu roubaste bem trinta anos
o povo com teu mister.

Embarca, a hora é má para ti,
que há já muito que te espero!

SAPATEIRO Digo-te que não quero!

DIABO Digo-te que sim! Sim!

SAPATEIRO Quantas missas eu ouvi
não me hão elas de prestar?

DIABO Ouvir missa, então roubar —
é caminho para aqui.

SAPATEIRO E as ofertas, que darão?
E as horas dos finados?[38]

---

[38] O Sapateiro acreditava que as orações que os vivos tivessem rezado aos mortos salva-los-iam do Inferno.

DIABO E os dinheiros mal levados,
que foi da satisfação?

SAPATEIRO Oh! Não praza ao cordovão,[39]
nem à puta da badana,[40]
se é esta boa traquitana[41]
em que se vê João Antão![42]

Ora, juro a Deus que é de graça!

(*Vai à barca do Anjo, e diz:*)

SAPATEIRO Hou da santa caravela,
podereis levar-me nela?

ANJO A carga te embaraça.

SAPATEIRO Não há mercê que me Deus faça?
Nem isto sequer irá?

ANJO Essa barca que lá está
leva quem rouba de praça.

Ó almas embaraçadas!

SAPATEIRO Ora eu me maravilho
haverdes por grão peguilho[43]
quatro forminhas cagadas
que podem bem ir amontoadas
num cantinho desse leito.

ANJO Se tu viveras direito
elas foram cá escusadas.

---

[39] Couro de pele de cabra.
[40] Couro de pele de ovelha.
[41] Carro velho.
[42] Nome do Sapateiro.
[43] Em outras palavras: "que se faça tanto alarde".

SAPATEIRO Assim que determinais
que vá cozer ao inferno?

ANJO Escrito estás no caderno
das emendas infernais.

(*Dirigindo-se à barca dos danados diz o Sapateiro:*)

SAPATEIRO Pois, diabos, que aguardais?
Vamos, venha a prancha logo
e levai-me àquele fogo!
Para que aguardar mais?

(*Vem um Frade*[44] *com uma jovem pela mão; traz uma espada na cinta, um broquel*[45] *na outra mão, e um casco*[46] *debaixo do capelo.*[47] *E ele mesmo fazendo a baixa*[48] *começou a dançar, dizendo:*)

FRADE Tai-rai-rai-ra-rã; taririrã;
tarai-rai-rai-rã; tairirirã;
tã-tã; tari-rim-rim-rã! Huhá!

DIABO Que é isso, padre? Que vai lá?

FRADE *Deo gratias!* Sou cortesão.

DIABO Sabeis também o tordião?[49]

FRADE É mal que me esquecerá.

DIABO Essa dama há de entrar cá?

FRADE Não sei onde embarcarei.

---

[44] Pelo contexto, trata-se de um frade da ordem dos dominicanos, a mais severa na vigilância das condutas.

[45] Escudo.

[46] Capacete.

[47] Capuz de frade.

[48] Espécie de dança, comum no século XVI.

[49] Espécie de dança cantada.

DIABO Ela é vossa?

FRADE Não sei;
por minha a trago eu cá.

DIABO E não vos punham lá grosa[50]
nesse convento sagrado?

FRADE Assim fui bem açoitado.

DIABO Que coisa tão preciosa!
Entrai, padre reverendo.

FRADE Para onde levais gente?

DIABO Para aquele fogo ardente
que não temestes vivendo.

FRADE Juro a Deus que não te entendo!
E este hábito não me vale?

DIABO Gentil padre mundanal,
a Belzebu vos encomendo!

FRADE Corpo de Deus consagrado!
Pela fé de Jesus Cristo,
que eu não posso entender isto!
Eu hei de ser condenado?!

Um padre tão namorado
e tanto dado à virtude!
Assim Deus me dê saúde,
que estou maravilhado!

DIABO Não façamos mais detença.
Embarcai e partiremos:
tomareis um par de remos.

---

[50] Em outras palavras: "E não recebias censura?".

FRADE Não ficou isso na avença.[51]

DIABO Pois dada está já a sentença!

FRADE Por Deus! Essa seria ela?
Não vai em tal caravela
minha senhora Florença.
Como?! Por ser namorado
e folgar com uma mulher
se há um frade de perder,
com tanto salmo rezado?!

DIABO Ora estás bem aviado!

FRADE Mas estás bem corrigido!

DIABO Devoto padre e marido,
haveis de ser cá pingado...[52]

(*Descobriu o Frade a cabeça, tirando o capelo; apareceu o casco; e diz o Frade:*)

FRADE Mantenha Deus esta coroa!

DIABO Ó padre frei-capacete,
cuidei que tínheis barrete!

FRADE Sabei que fui da pessoa![53]

Esta espada é roloa
e este broquel rolão.[54]

DIABO Dê vossa reverência lição
de esgrima, que é coisa boa.

---

[51] Combinado, acordado.
[52] Pingado com gotas de gordura fervendo.
[53] Pessoa importante.
[54] *Roloa, rolão*: valente. Provavelmente esse adjetivo tenha se derivado de Roland, nome de um herói lendário da França, de um romance de cavalaria.

(*Começou o Frade a dar lição de esgrima com a espada e broquel que eram de esgrimir, e disse:*)

FRADE Que me praz! Demos caçada!
Então logo um contra, sus!
Um fendente,[55] ora sus!
Esta é a primeira levada.[56]

Alevantai a espada!
— Metei o diabo na cruz
como o eu agora pus.
— Sai com a espada rasgada[57]
e fique anteparada.
Talho largo, um revés,
e logo colher os pés,
que tudo o mais não é nada.
Quando o recolher se tarda
o ferir não é prudente.
Eia, sus! Mui largamente,
cortais na segunda guarda.
— Guarde-me Deus de espingarda
ou de varão denodado,
mas aqui estou guardado
como a palha na albarda.[58]

Saio com meia espada...
Hou-lá! Guardai as queixadas.

DIABO Oh! Que valentes levadas!

FRADE Inda isto não é nada...
Demos outra vez caçada.
Contra, sus! Agora um fendente!

---

[55] Termo usado em esgrima, que significa "golpe de cima para baixo". Na sequência surgirão outros, como *talho*, *revés*, *guia*.

[56] Estocada, golpe.

[57] Em gesto largo.

[58] Sela de palha.

E, cortando largamente,
eis aqui a sexta guarda.

Daqui se sai com uma guia
e um revés da primeira.
Esta é a quinta verdadeira.
— Oh! Quantos daqui feria!
Padre que tal aprendia,
no inferno há de haver pingos?!
Ah! Não praza a São Domingos[59]
com tanta descortesia!

(*Tornou a tomar a moça pela mão, dizendo:*)

Prossigamos nossa história,
não façamos mais detença.
Dai cá a mão, senhora Florença:
vamos à barca da glória!

(*Começou o Frade a fazer o tordião e foram dançando até o batel do Anjo, desta maneira:*)

FRADE Tarararairão, tariririrão,
tairairão, taririrão, taririrão,
huhá!

(*Chega à barca da glória e diz:*)

Deo gratias! Há cá lugar
para minha reverença?
E a senhora Florença
pelo meu há lá de entrar!

PARVO Anda, infeliz da hora má!
Furtaste esse trinchão,[60] frade?

---

[59] São Domingos é o patrono da ordem dos dominicanos, uma menção que parece indicar a ordem religiosa do Frade.

[60] *Trinchão* significa bom pedaço, coisa deliciosa. O Parvo refere-se certamente a Florença, a bela dama que veio com o Frade.

FRADE — Senhora, dá-me a vontade
que este feito mal está...

Vamos onde havemos de ir,
não praza a Deus com a ribeira!
Eu não vejo aqui maneira
senão enfim... consentir.

DIABO — Padre, haveis logo de vir?

FRADE — Sim, tomai-me lá Florença,
e cumpramos a sentença,
ordenemos de partir.

(*Assim que o Frade foi embarcado, chegou a Alcoviteira chamada Brísida Vaz, a qual chegando à barca infernal diz desta maneira:*)

BRÍSIDA — Hou-lá da barca, hou-lá!

DIABO — Quem chama?

BRÍSIDA — Brísida Vaz.

DIABO — *(para o companheiro)* Eia! Aguarda-me, rapaz!
Por que não vem ela já?

COMPANHEIRO DO DIABO — Diz que não há de vir cá
sem Joana de Valdês.

DIABO — Entrai vós, e remareis.

BRÍSIDA — Não quero eu entrar lá.

DIABO — Que saboroso arrecear!...

BRÍSIDA — Não é essa barca a que eu cato.

DIABO — E trazeis vós muito fato?

BRÍSIDA — O que me convém levar.

DIABO Que é o que haveis de embarcar?

BRÍSIDA Seiscentos virgos[61] postiços
e três arcas de feitiços
que não podem mais levar.

Três armários de mentir,
e cinco cofres de enleios,
e alguns furtos alheios,
assim em joias de vestir;
guarda-roupa de encobrir,
enfim — casa movediça;
um estrado de cortiça
com dez coxins de embair.
A maior carga que é:
essas moças que vendia.
E desta mercadoria
trago eu muita, em boa-fé!

DIABO Ora, ponde aqui o pé!

BRÍSIDA Hui! Eu vou pra o paraíso!

DIABO E quem disse a ti isso?

BRÍSIDA Lá hei de ir desta maré.

Eu sou uma mártir tal,
açoites tenho eu levados
e tormentos suportados
que ninguém me foi igual.
Se eu fosse ao fogo infernal,
lá iria todo o mundo!
A essa outra barca lá no fundo
me vou eu, que é mais real.

(*E chegando à barca da glória, diz ao Anjo:*)

---

[61] Himens.

BRÍSIDA Barqueiro, mano, meus olhos,
prancha a Brísida Vaz!

ANJO Eu não sei quem te cá traz...

BRÍSIDA Peço-vo-lo de joelhos!
Cuidais que trago piolhos,
anjo de Deus, minha rosa?
Eu sou Brísida, a preciosa,
que dava as moças aos molhos.
A que criava as meninas
para os cônegos da Sé...
Passai-me, por vossa fé,
meu amor, minhas boninas,[62]
olhos de perlinhas[63] finas!
E eu sou apostolada,
angelada e martelada,[64]
e fiz obras mui divinas.

Santa Úrsula[65] não converteu
tantas cachopas[66] como eu:
todas salvas pelo meu,[67]
que nenhuma se perdeu.
E prouve Àquele do Céu
que todas achassem dono.
Cuidais que dormia eu sono?
Nem ponta!... E não se perdeu.

---

[62] Espécie de planta, belas-margaridas.

[63] Perolinhas.

[64] Martirizada.

[65] Santa Úrsula é a padroeira das virgens. Segundo consta, pediu ao noivo, como condição de casamento, que lhe fossem enviadas onze mil donzelas para acompanhá-la a Roma e obter a consagração de sua virgindade. Na volta, juntamente com as onze mil companheiras, foi martirizada pelos hunos.

[66] Moças, donzelas.

[67] Graças a mim; por minha interferência.

ANJO Ora vai lá embarcar,
não me fiques importunando.

BRÍSIDA Pois estou-vos alegando
o porque me haveis de levar.

ANJO Não cures de importunar,
que não podes ir aqui.

BRÍSIDA E que má hora eu servi,
pois não me há de aproveitar!

(*Volta Brísida Vaz à barca do inferno, dizendo:*)

BRÍSIDA Hou barqueiros da má hora,
ponde a prancha, que eis me vou,
e tal sina me fadou
que pareço mal cá fora.

DIABO Ora entrai, minha senhora,
e sereis bem recebida...
Se vivestes santa vida,
vós o sentireis agora.

(*Assim que Brísida Vaz embarcou, veio um Judeu com um bode às costas; e chegando ao batel dos danados, diz:*)

JUDEU Que vai lá, hou marinheiro?

DIABO Oh! Que má hora vieste!

JUDEU Cuja é esta barca que preste?[68]

DIABO Esta barca é do barqueiro.

JUDEU Passai-me, por meu dinheiro.

---

[68] Em outras palavras: "Esta barca de quem é?"

DIABO E esse bode há cá de vir?

JUDEU O bode também há de ir.[69]

DIABO Oh! Que honrado passageiro!...

JUDEU Sem bode, como irei lá?

DIABO Pois eu não passo cá cabrões!

JUDEU Eis aqui quatro tostões
e mais se vos pagará.
Por vida do Semifará[70]
que me passeis o cabrão!
Quereis mais outro tostão?

DIABO Nem tu não hás de vir cá.[71]

JUDEU Por que não irá o judeu
onde vai Brísida Vaz?

(*Fala ao Fidalgo:*)

Ao senhor meirinho apraz?[72]
Senhor meirinho, irei eu?

DIABO E ao fidalgo quem lhe deu
o mando deste batel?

---

[69] O bode simboliza aí o judaísmo. Na liturgia judaica, o sacerdote atirava ao deserto o bode expiatório que carregava os pecados do povo.

[70] Provavelmente seja o nome do judeu.

[71] Como se percebe, o Diabo não deseja receber o Judeu em sua barca. Essa passagem expressa o preconceito religioso da época. Em sua obra, o Autor ora defende, ora ataca os judeus; publicamente, porém, defendeu os cristãos-novos.

[72] O Judeu dirige-se ao Fidalgo, supondo tratar-se de uma autoridade (um meirinho).

JUDEU Corregedor, coronel,
castigai este sandeu!
Azará,[73] pedra miúda,
lodo, chanto, fogo, lenha,
caganeira que te venha,
má corrença que te acuda!
Por el Deus que te sacuda
com a barca nos focinhos!
Fazes burlas dos meirinhos?
Dize, filho da cornuda!

PARVO Furtaste a chiba,[74] cabrão?
Parecei-me vós a mim
carrapato de Alcoutim
enxertado em camarão.

DIABO Judeu, lá te levarão,
porque hão de ir descarregados.

PARVO E se ele mijou nos finados
no adro de São Gião!
E comia a carne da panela
no dia de Nosso Senhor![75]
E mais ele, salvanor,
cada vez mija naquela!

DIABO Ora, sus! Demos à vela!
Vós, judeu, ireis, à toa,[76]
que sois mui ruim pessoa.
Levai o cabrão na trela.

---

[73] Possivelmente o termo seja derivado da palavra hebraica *guezerá*, que significa "pouca sorte", "desgraça".

[74] Cabra.

[75] Trata-se da proibição imposta pela Igreja católica de se comer carne às sextas-feiras, e que, nesse tempo, era considerado pecado dos mais graves.

[76] A reboque. Há quem veja nesta passagem uma alusão ao mito do judeu errante.

(*Chega um Corregedor carregado de feitos,*[77] *com sua vara na mão, e chegando à barca do inferno diz:*)

CORREGEDOR Hou da barca!

DIABO Que quereis?

CORREGEDOR Está aqui o senhor juiz!

DIABO Ó amador de perdiz,[78]
quantos feitos que trazeis!

CORREGEDOR No meu ar conhecereis,
que eles não vêm de meu jeito.[79]

DIABO Como vai lá o direito?

CORREGEDOR Nestes feitos o vereis.

DIABO Ora pois, entrai, veremos
que diz esse papel.

CORREGEDOR E onde vai o batel?

DIABO No inferno vos poremos.

CORREGEDOR Como?! À terra dos demos
há de ir um corregedor?!

DIABO Santo descorregedor,[80]
embarcai, e remaremos!

Ora entrai, pois que viestes.

---

[77] Processos judiciais.
[78] Insinuação ao gosto refinado do magistrado.
[79] Isto é, "Pelo meu ar podes ver que estou contrafeito".
[80] Ironicamente o Diabo está dizendo que o juiz não corrigia nada, antes, "descorrigia".

CORREGEDOR *Non est de regulae juris,*[81] não!

DIABO *Ita! Ita!*[82] Dai cá a mão,
remareis um remo destes.
Fazei conta que nascestes
para nosso companheiro.
— Que fazes tu, barzoneiro?[83]
Faze-lhe essa prancha prestes![84]

CORREGEDOR Oh! Renego da viagem
e de quem me há de levar!
Há aqui meirinho do mar?

DIABO Não há cá tal costumagem.

CORREGEDOR Não entendo esta barcagem,
nem *hoc non potest esse*.[85]

DIABO Se agora vos parecesse
que não sei mais que linguagem!...

Entrai, entrai, corregedor!

CORREGEDOR Hou! *Videtis que petatis!*
Super jure majestatis[86]
tem vosso mando vigor?

---

[81] O latim usado aqui e nos versos a seguir é bárbaro, coisa que se repetirá em quase toda a obra do Autor, exceto no *Auto da Glória;* a intenção, claramente, é ironizar a linguagem jurídica. A expressão pode ser traduzida por "isso não corresponde às normas de direito".

[82] Advérbio latino de afirmação.

[83] O Diabo dirige-se a seu companheiro. Barzoneiro quer dizer "preguiçoso".

[84] Isto é, "Prepara logo esta barca!".

[85] "Isso não pode ser."

[86] "Vede o que pede! Pensas que estás acima do direito de majestade?"

DIABO Quando éreis ouvidor
non ne accepistis[87] rapina?
Pois ireis pela bolina[88]
onde nossa mercê for.

Oh, que isca esse papel
para um fogo que eu sei!

CORREGEDOR *Domine, memento mei!*[89]

DIABO *Non es tempus,*[90] bacharel!
Imbarquemini in[91] batel
quia judicastis[92] malícia.

CORREGEDOR *Semper ego in justicia*
fecit,[93] e bem por nível.[94]

DIABO E as peitas[95] dos judeus
que vossa mulher levava?

CORREGEDOR Isso eu não o tomava,
eram lá percalços seus.
Non sunt peccatus[96] meus,
peccavit uxore mea.

DIABO *Et vobis quoque cum ea*
nemo timuistis Deus.

---

[87] Forma interrogativa latina de "não recebestes". Desse modo, o verso significa: "acaso não recebestes propina?".
[88] Cabo náutico.
[89] "Senhor, lembre-se de mim!"
[90] "Não há tempo."
[91] "Embarcai."
[92] Isto é, "pois você julgava com".
[93] "Eu sempre procedi com justiça."
[94] Isto é, "e com equidade".
[95] Propinas.
[96] "Não são meus pecados, foi minha mulher quem pecou."

A largo modo adquiristis
sanguinis laboratorum,
ignorantes peccatorum.
Ut quid eos non audistis?[97]

CORREGEDOR Vós, arrais, *nonne legistis*[98]
que o dar quebra os penedos?
Os direitos estão quedos
si aliquid tradidistis...[99]

DIABO Ora, entrai nos negros fados!
Ireis ao lago dos cães
e vereis os escrivães
como estão tão prosperados.

CORREGEDOR E na terra dos danados
estão os evangelistas?[100]

DIABO Os mestres das burlas vistas
lá estão bem fragoados.[101]

(*Estando o Corregedor nesta prática com o Arrais infernal, chegou um Procurador carregado de livros. O Corregedor diz ao Procurador:*)

CORREGEDOR Ó senhor procurador!

PROCURADOR Beijo-vos as mãos, juiz!
Que diz esse arrais? Que diz?

---

[97] O sentido geral destes últimos versos é: "Vós também pecastes com ela. Nenhum de vós temeu a Deus. Enriquecestes às largas com o sangue dos lavradores inocentes. Por que não os escutastes?"

[98] "Não lestes" (na forma interrogativa).

[99] "Se alguma coisa entregastes em troca." O sentido geral destes quatro versos é: "Não lestes, capitão, que as dádivas quebram os penedos? A lei se cala quando trazeis algo em troca".

[100] Isto porque os homens da lei julgavam-se semelhantes aos evangelistas.

[101] Torturados.

DIABO Que sereis bom remador.
Entrai, bacharel doutor,
e ireis dando à bomba.

PROCURADOR E este barqueiro zomba?
Jogatais[102] de zombador?

E essa gente que aí está
para onde a levais?

DIABO Para as penas infernais.

PROCURADOR Disse, não vou para lá.
Outro navio está cá
muito melhor assombrado.[103]

DIABO Ora estais bem aviado!...
Entrai, é vossa má hora.

CORREGEDOR Confessastes-vos, doutor?

PROCURADOR Bacharel sou... — Dou-me ao demo!
Não cuidei que era extremo,
nem de morte minha dor.
E vós, senhor corregedor?

CORREGEDOR Eu mui bem me confessei,
mas tudo quanto roubei
encobri ao confessor...

PROCURADOR Porque, se o não tornais,
não vos querem absolver
e é muito mau de volver
depois que o apanhais.

DIABO Pois por que não embarcais?

---

[102] Isto é: "Brincais de fazer zombarias?".
[103] Com muito melhor aparência.

CORREGEDOR *Quia speramus in Deo.*[104]

DIABO *Imbarquemini in barco meo...*
para que *esperatis* mais?

(*Vão ambos ao batel da glória, e chegando diz o Corregedor ao Anjo:*)

CORREGEDOR: Hou arrais dos gloriosos,
passai-nos nesse batel!

ANJO Oh, pragas para papel,
para as almas odiosos!
Como vindes preciosos,
sendo filhos da ciência!

CORREGEDOR: Oh! *Habeatis*[105] clemência
e passai-nos como vossos!

PARVO Hou, homens dos breviários,
rapinastis coelhorum
et pernis perdiguiorum[106]
e mijais nos campanários!

CORREGEDOR Anjos, não sejais contrários,
pois não temos outra ponte!

PARVO *Beleguinis ubi sunt?*[107]
Ego latinus macairos.[108]

ANJO A justiça divinal
vos manda vir carregados,

---

104 "Porque contamos com Deus."

105 Tende.

106 "Recebestes como propinas coelhos e pernas de perdizes."

107 "Onde estão os beleguins?" Os beleguins são os que deverão entregar o Corregedor e o Procurador ao Arrais da barca do inferno.

108 O sentido deste verso não é claro. Talvez signifique que o Parco esteja dizendo (em latim bárbaro) que fala latim muito bem.

porque vades embarcados
nesse batel infernal.

CORREGEDOR Oh! Não praza a São Marçal[109]
com a ribeira nem com o rio!
Cuidam lá que é desvario
haver cá tamanho mal.

PROCURADOR Que ribeira é esta tal!

PARVO Pareceis-me vós a mim
como cagado nebri[110]
mandado no Sardoal.
Embarquetis in zambuquis![111]

CORREGEDOR Venha a negra prancha cá!
Vamos ver este segredo.

PROCURADOR Diz um texto do degredo...[112]

DIABO Entrai, que cá se dirá!

(*Entrando no batel dos condenados, disse o Corregedor a Brísida Vaz, porque a conhecia:*)

CORREGEDOR Esteis vós em hora má,
senhora Brísida Vaz!

BRÍSIDA Já sequer estou em paz,
que não me deixáveis lá.

---

[109] São Marçal é o protetor contra os incêndios. Prestes a embarcar para o inferno, o Corregedor apela para esse santo.

[110] Uma ave de rapina.

[111] Trata-se de um arremedo de latim, sem significado, desempenhando apenas uma função humorística.

[112] O Procurador consulta seus papéis na intenção de ganhar tempo para não entrar na barca do inferno.

Cada hora encoroçada:[113]
"Justiça que manda fazer..."

CORREGEDOR E vós... tornar a tecer
e urdir outra meada...

BRÍSIDA Dizede, juiz de alçada:
vem lá Pero de Lisboa?[114]
Levá-lo-emos à toa
e irá nesta barcada.

(*Aproxima-se um homem que morreu enforcado ao batel dos mal-aventurados. Diz o Arrais:*)

DIABO Venhais embora, enforcado!
Que diz lá Garcia Moniz?[115]

ENFORCADO Eu vos direi o que ele diz:
— que fui bem-aventurado,
que, pelos furtos que eu fiz,
sou santo canonizado,
pois morri dependurado
como o tordo na boiz.[116]

DIABO Entra cá, governarás
até as portas do inferno.

ENFORCADO Não é essa a nau que eu governo.

DIABO Entra, que inda caberás.

---

[113] "Coberta com carocha", que era um barrete que alguns criminosos eram obrigados a usar. A rigor, no caso das alcoviteiras, não se tratava de um barrete, mas uma mantilha vermelha de seda. Obs.: em outra edição, em vez de "encoroçada" consta "sentenciada".
[114] Funcionário da Fazenda e Contas, contemporâneo do Autor.
[115] Tesoureiro da Casa da Moeda de Lisboa, no tempo de Gil Vicente.
[116] Isto é, "como o tordo (um pássaro) na armadilha".

ENFORCADO Pesar de São Barrabás!
Se Garcia Moniz diz
que os que morrem como eu fiz
são livres de Satanás...

E disse que a Deus prouvera
que fora ele o enforcado;
e que fosse Deus louvado,
que em boa hora eu nascera;
e que o Senhor me escolhera;
e por meu bem vi beleguins;
e com isto mil latins,
como se eu latim soubera...

E no passo derradeiro
me disse nos meus ouvidos
que o lugar dos escolhidos
era a forca e o Limoeiro;[117]
nem guardião de mosteiro
não tinha tão santa gente
como Afonso Valente,
o que agora é carcereiro.

DIABO Dava-te consolação
isso, ou algum esforço?

ENFORCADO Com o baraço[118] no pescoço
mui mal presta a pregação...
Ele leva a devoção,
que há de tornar a jantar...
Mas quem há de estar no ar
aborrece-lhe o sermão.

DIABO Entra, entra no batel,
que para o inferno hás de ir.

---

[117] Prisão de Lisboa. Ali também estiveram presos Bocage e Camões.
[118] Corda.

ENFORCADO E o Moniz há de mentir?
Disse-me: — "Com São Miguel
irás comer pão e mel
logo que fores enforcado".
Ora, já passei meu fado
e já feito é o burel.[119]

Agora não sei que é isso.
Não me falou em ribeira,
nem barqueiro, nem barqueira,
senão — logo ao paraíso.
E isto muito em seu siso,
e que era santo o meu baraço.
Porém não sei que aqui faço,
ou se era mentira isso.

DIABO Falou-te no purgatório?

ENFORCADO Disse que foi o Limoeiro,
e ora por ele o salteiro[120]
e o pregão vitatório;[121]
e que era muito notório
que aqueles disciplinados
eram horas dos finados
e missa de São Gregório.[122]

DIABO Ora entra, pois hás de entrar,
não esperes por teu pai...

ENFORCADO Entremos, pois que assim vai...

DIABO Este foi bom embarcar!
— Eia! Todos apear,

---

[119] Tecido de lã que se usava no luto. O sentido geral desse e do verso precedente é: "Ora, já cumpri meu fado, com luto e pena mortal".
[120] Saltério (livro de salmos).
[121] Discurso que antecedia a execução da pena capital.
[122] Santo protetor das almas no purgatório.

que está em seco o batel!
Vós, doutor, bota batel!
Fidalgo, saltai ao mar![123]

(Vêm quatro cavaleiros da Ordem de Cristo, que morreram em poder dos mouros.[124] *Vêm absolvidos de culpa e pena por privilégio que os que assim morrem têm dos mistérios da paixão daquele por quem padecem, outorgados por todos os Presidentes Sumos Pontífices da Madre Santa Igreja; e a cantiga que assim cantavam quanto à palavra dela é a seguinte:)*

À barca, à barca segura!
Guardar da barca perdida!
À barca, à barca da vida!

Senhores, que trabalhais
pela vida transitória,
memória, por Deus, memória
deste temeroso cais!
À barca, à barca, mortais!
Porém, na vida perdida
se perde a barca da vida.

Vigiai-vos, pecadores,
que depois da sepultura
neste rio está a ventura
de prazeres ou dolores!
À barca, à barca, senhores,
barca mui nobrecida,
à barca, à barca da vida!

---

[123] O sentido geral destes últimos versos é: o Diabo observa que a barca ficou lotada. A maré baixou (a barca está partindo com atraso; todos perderam tempo tentando demover o Diabo de levá-los ao inferno) e a barca, sobrecarregada com tantos passageiros, ficou presa. O Diabo, agora já senhor de todas aquelas almas, ordena que estas trabalhem empurrando a barca. Obs.: em outra edição, em vez do Fidalgo, é ao Frei que o Diabo se dirige.

[124] Trata-se, pois, de cavaleiros que lutaram em uma cruzada no Norte da África.

(*E passando por diante da proa do batel dos danados assim cantando, com suas espadas e escudos, disse o Arrais da perdição desta maneira:*)

DIABO Cavaleiros, vós passais
e não me dizeis para onde ides?

PRIMEIRO CAVALEIRO E vós, Satã, presumis?
Atentai com quem falais!

SEGUNDO CAVALEIRO Vós que nos demandais?
Sequer conheceis-nos bem.
Morremos nas partes de além,
e não queirais saber mais.

DIABO Entrai cá! Que coisa é essa?
Eu não posso entender isto!

CAVALEIRO Quem morre por Jesus Cristo
não vai em tal barca como essa!

(*Tornam a prosseguir, cantando, seu caminho direto à barca da glória, e assim que chegam diz o Anjo:*)

ANJO Ó cavaleiros de Deus,
a vós estou esperando,
que morrestes pelejando
por Cristo, Senhor dos Céus!
Sois livres de todo o mal,
santos por certo sem falha,
que quem morre em tal batalha
merece paz eternal.

(*E assim embarcam.*)

Aqui fenece a primeira cena.

❖

Auto da Alma

Este auto foi oferecido a muito devota Rainha Dona Leonor,[1] e representado para o muito poderoso e nobre Rei D. Manuel, seu irmão, por sua ordem, na cidade de Lisboa, no Palácio da Ribeira, na semana santa. Era do Senhor de 1518.

Argumento

Assim como sempre foi coisa muito necessária haver nos caminhos estalagens, para repouso e refeição dos cansados caminhantes, assim foi conveniente que nesta vida passageira houvesse uma estalagem para refeição e descanso das almas que vão caminhantes para a morada eternal de Deus. A estalajadeira das almas é a Madre Santa Igreja, a mesa é o altar, os manjares são as insígnias da Paixão. E desta perfiguração trata a obra seguinte.

❖

[1] Viúva de Dom João II e fundadora das Misericórdias (hospitais para pobres).

Personagens

ALMA
ANJO CUSTÓDIO
IGREJA
SANTO AGOSTINHO
SANTO AMBRÓSIO
SÃO JERÔNIMO
SÃO TOMÁS
DOIS DIABOS

(Está posta uma mesa com uma cadeira. Vêm a Madre Santa Igreja com seus quatro Doutores: São Tomás, São Jerônimo, Santo Ambrósio e Santo Agostinho. Diz Agostinho:)

AGOSTINHO Necessário foi, amigos,
que na triste carreira
desta vida,
contra os perigosos perigos
dos inimigos,[2]
houvesse alguma maneira
de guarida.
Porque a humana transitória
natureza vai cansada
de torpores,
nesta carreira da glória
meritória,
foi necessário pousada
para as almas.

Pousada com mantimentos,
mesa posta em clara luz,
sempre esperando,
com dobrados mantimentos
dos tormentos
que o Filho de Deus na Cruz
comprou, penando.
Sua morte foi avença,
dando, para dar-nos paraíso,
a sua vida
abreviada, sem detença;
por sentença,
vendo a paga, de improviso,
recebida.

Teve por mortal empresa
a Santa estalajadeira
Madre Igreja,
consolar, à sua despesa,

[2] Isto é, os demônios.

com o Padre,
qualquer alma caminheira,
nesta mesa.

E se a Alma encomendada
ao donzel anjo da guarda
se enfraquece
e se vai tombar sem forças
desmaiada,
se chegando a esta pousada,
se fortalece.

(*Vem o Anjo Custódio, com a Alma, e diz:*)

ANJO Alma humana, formada
de nenhuma coisa feita,
mui preciosa,
da morte separada,
e esmaltada
naquela forja perfeita,
e gloriosa;
planta neste vale posta
para dar celestes flores
olorosas,
e para serdes transposta
à alta costa,
onde se criam primores
mais que rosas;
plantada sois e caminheira,
que ainda que ficando, andais
para a pátria verdadeira
de onde viestes:
sois herdeira
da glória de onde partis;
andai prestes.

Alma bem-aventurada,
dos anjos tanto querida,
não durmais;
não percais a hora marcada,

que a jornada
muito em breve é fenecida,
se atentais.

ALMA Anjo que sois minha guarda,
olhai por minha fraqueza
terrenal:
seja de toda a parte resguardada,
que não arda
a minha preciosa riqueza
principal.
Ficai sempre ao redor,
porque vou temerosa
da contenda.
Ó precioso defensor,
por favor,
vossa espada luminosa
me defenda!
Tende sempre a mão sobre mim,
que temo tropeçar
e cair.

ANJO Para isso fui feito e a isso vim;
mas enfim,
cumpre-vos me ajudar
a resistir.
Não vos ocupem vaidades,
riquezas, nem seus debates,
olhai por vós:
que pompas, honras, herdades
e vaidades
são embates e combates
para vós.

Vosso livre alvedrio,
isento, forro, poderoso,
vos é dado
pelo divinal poderio
e senhorio,
que possais fazer glorioso

vosso estado.
Deu-vos livre entendimento,
e vontade libertada
e a memória,
que tenhais em vosso tento
fundamento,
que sois por Ele criada
para a glória.

E vendo Deus que o metal
em que vos quis lapidar,
para merecer,
era muito fraco e mortal,
e, por tal,
me manda vos ajudar
e defender.
Andemos por nossa estrada;
não queirais voltar atrás,
que o inimigo
à vossa vida gloriosa
tornará dificultosa:
não creiais a Satanás,
vosso perigo.

Continuai ter cuidado
no fim da vossa jornada,
e lembrai-vos
que o espírito defendido
do pecado
caminha sem temer nada
para a glória.
E nos laços infernais,
e nas redes de tristura
tenebrosas
da carreira, que passais,
não caiais;
siga vossa formosura
as gloriosas.

(*Afasta-se o Anjo; vem o Diabo e diz à Alma:*)

DIABO Tão depressa, ó delicada,
alva pomba, para aonde ides?
Quem vos engana
e vos leva tão cansada
por esta estrada,
que nem sequer sentis
se sois humana?
Não cureis de vos matar,
que ainda estais em idade
de crescer.
Tempo há aí para folgar
e caminhar:
vivei à vossa vontade
e havei prazer.

Gozai, gozai dos bens da terra,
procurai por senhorios
e haveres.
Quem da vida vos desterra
à triste serra?
Quem vos fala em desvarios
por prazeres?
Esta vida é descanso,
doce e manso,
não cureis doutro paraíso.
Quem vos põe em vosso siso
outro remanso?

ALMA Não me detenhais aqui,
deixai-me ir, noutra verdade me fundo.

DIABO Oh! Descansai neste mundo,
que todos fazem assim.
Não são embalde os haveres,
não são embalde os deleites
e fortunas,
não são debalde os prazeres
e comeres,
tudo são puros enfeites
das criaturas.

Para os homens se criaram,
dai folga à vossa passagem
de hoje em diante;
descansai, pois descansaram
os que passaram
por esta mesma romagem
que levais.
O que a vontade quiser,
quanto o corpo desejar,
tudo se faça;
zombai de quem vos quiser
repreender,
querendo-vos castigar
tão de graça.

Se eu fosse vós, não iria
assim tão triste, atribulada,
que é tormenta.
Senhora, vós sois senhora,
Imperadora,[3]
não deveis a ninguém nada;
sede isenta.

ANJO Oh, andai! Quem vos detém?
Como vindes para a Glória
devagar!
Oh, meu Deus! Oh, sumo bem!
Já ninguém
não se preza da vitória
em se salvar!
Já cansais, alma preciosa?
Tão depressa desmaiais?
Sede esforçada!
Oh, como viríeis pressurosa
e desejosa,
se vísseis quanto ganhais
nesta jornada!

---

[3] Imperatriz.

Caminhemos, caminhemos!
Esforçai-vos, Alma santa,
esclarecida!

(*Afasta-se o Anjo, e volta o Diabo:*)

DIABO Que vaidades e que extremos
tão supremos!
Para que tanta pressa?
Tende vida.
Andais muito desautorizada,
descalça, pobre, perdida.
Em suma:
não levais de vosso, nada.
Amargurada,
assim passais esta vida
em disparate.

Vesti agora este brial;[4]
metei o braço por aqui.
Agora, esperai:
oh, como vem tão real!
Isto tal
me parece bem a mim:
andai!
Uns bons sapatos haveis mister
de Valença, ei-los aqui:
agora estais vós mulher
de parecer.[5]
Ponde os braços garbosos:
bem assim!
Passeai-vos mui pomposa,
daqui para ali, e de lá para cá,
e fantasiai.
Agora estais formosa
como a rosa;

[4] Preciosa vestimenta de seda e brocado.
[5] De beleza.

tudo em vós mui bem está,
descansai.

(*Volta o Anjo, e diz à Alma:*)

ANJO Que andais aqui fazendo?

ALMA Faço o que vejo fazer
pelo mundo.

ANJO Ó Alma, vos estais perdendo;
correndo vos ides meter
no profundo.[6]
O quanto caminhais avante,
o mesmo andastes para trás
e de lado.
Tomastes depressa,
como guia,
o corsário Satanás,
porque quereis.

Oh! caminhai com cuidado,
que a Virgem gloriosa
vos espera.
Deixais vosso principado
deserdado?
Enjeitais a glória vossa
e pátria vera?
Deixai esses sapatos desde agora,
e esses enfeites são tão sobejos,
que ides carregada:
não vos tome a morte agora
tão senhora,
nem sejais, com tais desejos,
sepultada.
Andai! Dai-me cá essa mão!

---

[6] Inferno.

ALMA Andai vós, que eu irei
quanto puder.

(*Afasta-se o Anjo, e volta o Diabo:*)

DIABO Todas as coisas com razão
têm sazão.
Senhora, eu vos direi
meu parecer:
ainda é tempo de folgar,
e idade de crescer;
e outra idade
de mandar e triunfar,
e ganhar
e adquirir prosperidade
que puder.

Ainda é cedo para a morte;
tempo há de arrepender
e ir ao céu.
Ponde-vos ao modo da corte,
desta sorte
viva vosso parecer
que tal nasceu.
O ouro para que é,
e as pedras preciosas,
e brocados?
E as sedas, para quê?
Tende por fé
que para as almas mais ditosas
foram dados.

Vedes aqui um colar
de ouro bem esmaltado,
e dez anéis.
Agora podeis casar
e namorar.
Neste espelho vos vereis
e sabereis
que não vos hei de enganar.

E poreis estes pingentes
em cada orelha vossa,
bem assim,
que as pessoas diligentes
são prudentes.
Agora vos digo eu
que vou contente daqui.

ALMA Oh, como estou preciosa,
tão digna para servir,
e tão santa para adorar!

ANJO Oh, Alma desapiedosa
porfiada!
Antes deveria de vós fugir,
que vos guardar!
Pondes terra sobre terra,
que esses ouros terra são.
Ó Senhor,
por que permites tal guerra,
que desterra
ao reino da confusão
o teu lavor?

Não íeis, antes, mais desembaraçada
e mais livre
para andar?
Agora estais carregada
e embaraçada
com coisas que, à derradeira,
hão de ficar.
Tudo isso se descarrega
no porto da sepultura.
Alma santa, quem vos cega,
vos carrega
dessa vã desaventura.

ALMA Isto não me pesa nada,
mas a fraca natureza
me embaraça.

Já não posso dar passada
de cansada,
tamanha é minha fraqueza,
sem a Graça!
Senhor, ide-vos embora,
que remédio em mim não encontro,
já estou tal.

ANJO Dai dois passos agora
até onde mora
a que tem o alimento
celestial.

Ireis ali repousar,
comereis alguns bocados
que dão conforto,
porque a hospedeira é sem par
em agasalhar
os que vêm atribulados
e chorosos.

ALMA É longe?

ANJO Aqui mui perto.
Esforçai, não desmaieis!
E andemos,
que ali há todo concerto
muito certo:
quantas coisas querereis,
tudo heis de ter.

A hospedeira tem tanta graça,
far-vos-á tantos favores!

ALMA Quem é ela?

ANJO É a Madre Igreja Santa
e os seus santos Doutores.
Ide com ela
e ireis mais aliviada,

cheia do Espírito Santo
e mui formosa.
Ó Alma, sede esforçada!
Mais outra passada,
que não tendes de andar tanto
para o enlace.

DIABO Esperai. Aonde ides?
Essa pressa tão sobeja
é já tolice.
Como! Vós, o que presumis?
Consentis
continuardes na igreja,
antes da velhice?
Dai-vos, dai-vos ao prazer,
que muitas horas há nos anos
que lá vêm.
Na hora que a morte chegar,
seja lá como vier,
se perdoam quantos danos
a alma tem.

Olhai por vossa fazenda:
tendes umas escrituras
de uns casais
de que perdeis grande renda.
É contenda
que deixaram às escuras
vossos pais.
É demanda muito simples,
litígios que são vencidos
em um riso.
Citai as partes terça-feira,
de maneira
como não fiquem perdidos;
e tende siso!

ALMA Cala-te por amor de Deus!
Deixa-me, não me persigas!
Já basta

estorvares os herdeiros
dos altos céus,
que a vida em tuas brigas
se me gasta.
Deixa-me remediar
o que tu, cruel, danaste
sem vergonha,
que daqui não posso avançar
nem chegar
ao lugar onde me curasse
deste mal.

ANJO Vedes aqui a pousada
verdadeira e muito segura
a quem quer vida.

IGREJA Oh! Como vindes cansada
e carregada!

ALMA Venho, por minha ventura,
amortecida.

IGREJA Quem sois? Para onde andais?

ALMA Não sei para onde vou;
sou selvagem,
sou uma alma que pecou
culpas mortais
contra Deus que me criou
à Sua imagem.

Sou a triste, sem ventura,
criada resplandecente
e preciosa,
angélica em formosura,
e, per natura,
como raio reluzente,
luminosa.
E por minha triste sorte
e diabólicas maldades

violentas,
estou mais morta que a morte,
sem alegria,
carregada de vaidades
peçonhentas.

Sou a triste sem remédio,
pecadora obstinada,
pertinaz;
pela triste culpa minha
mui mesquinha,
a todo o mal inclinada
e deleitosa.
Desterrei da minha mente
os meus perfeitos enfeites
naturais.
Não me conservei prudente,
mas contente
me gozei com os feios trajes
mundanais.

Cada passo me perdi
em lugar de merecer:
eu sou culpada.
Tende piedade de mim,
que não me vi;
perdi meu inocente ser
e sou danada.
E, mais grave, sinto
não poder me arrepender
quanto queria;
que meu triste pensamento,
sendo isento,
não me quer obedecer
como fazia.
Socorrei, senhora hospedeira,
que a mão de Satanás
me tocou,
e sou já de mim tão fora,
que agora

não sei se avante, se atrás,
nem como vou.
Consolai minha fraqueza
com sagrada iguaria,
que pereço,
por vossa santa nobreza,
que é franqueza;
porque o que eu merecia
bem conheço.

Reconheço-me culpada
e digo diante de vós
minha culpa.
Senhora, quero pousada,
dai passada,
pois que padeceu por nós
quem nos desculpa.
Mandai-me ora agasalhar
com a capa dos desamparados,
Igreja Madre.

IGREJA Vinde aqui vos assentar
mui devagar,
que os manjares são guisados
por Deus Padre.

Santo Agostinho doutor,
Jerônimo, Ambrósio, São Tomás,
meus pilares,
servem aqui por meu amor,
cada qual melhor.
E tu, Alma, apreciarás
meus manjares.
Ide à santa cozinha,
tornemos esta alma a si,
e que mereça
chegar para onde caminha,
e se detinha,
pois que Deus a trouxe aqui,
não pereça.

(*Enquanto ocorrem estas coisas, Satanás passeia fazendo muitos ademanes. Aproxima-se outro Diabo e diz:*)

SEGUNDO DIABO Como andas desassossegado!

PRIMEIRO DIABO Ardo em fogo de pesar.

SEGUNDO DIABO Que ocorre?

PRIMEIRO DIABO Ando tão desatinado,
enganado,
que não posso repousar
que me preste.
Tinha uma alma enganada,
já quase para o tempo infernal,
mui acesa.

SEGUNDO DIABO E quem a levou forçada?

PRIMEIRO DIABO O da espada.

SEGUNDO DIABO Já me fez ele outra tal
burla como essa.

Tinha outra alma já vencida,
em ponto de se enforcar
de desesperada,
a nós toda oferecida,
e eu prestes para a levar
arrastada;
e ele fê-la chorar tanto,
que as lágrimas corriam
pela terra.
Blasfemei então tanto,
que meus gritos retiniam
pela serra.
Mas faço conta que perdi;
outro dia ganharei,
e ganharemos.

PRIMEIRO DIABO Não penso eu, irmão, assim,
pois à alma tornarei
e veremos.
Torná-la-ei a afagar
depois que ela sair fora
da Igreja
e recomeçar a caminhar;
hei de sondar
se venceram ainda agora
esta peleja.

(A Alma diz ao Anjo:)

ALMA Vós não me desampareis,
senhor meu Anjo Custódio.
Ó incrédulos
inimigos, que quereis,
que já estou fora do ódio
de meu Deus?
Deixai-me já, tentadores,
neste banquete prezado
do Senhor,
que alimenta os pecadores
com as dores
de Cristo crucificado,
redentor.

(*A Alma está sentada à mesa, e o Anjo está ao seu lado, em pé. Aproximam-se os Doutores com quatro bacias de cozinha cobertas, cantando* Vexilla Regis Prodeunt. *Depois de pô-las na mesa, Santo Agostinho diz:*)

AGOSTINHO Vós, senhora convidada
nesta ceia soberana,
celestial,
haveis mister ser apartada
e transportada
de toda coisa mundana
e terrenal.
Cerrai os olhos corporais,

deitai ferro aos danados
apetites,
caminheiros infernais;
pois buscais
os caminhos bem guiados
dos contritos.

IGREJA Benzei a mesa vós, Senhor,
e para consolação
da convidada,
seja a oração de dor
sobre o teor
da gloriosa paixão
consagrada.
E vós, Alma, rezareis,
contemplando as vivas dores
da Senhora:
vós outros respondereis,
pois que fostes rogadores
até agora.

(*Oração para Santo Agostinho:*)

ALMA Alto Deus maravilhoso,
que o mundo visitaste
em carne humana,
neste vale tenebroso
e lacrimoso.
Tua glória nos mostraste
soberana.
E Teu Filho delicado,
mimoso da Divindade
e Natureza,
por todas as partes chagado,
e mui ensanguentado
pela nossa enfermidade
e vil fraqueza!
Ó imperador celeste,
Deus alto, mui poderoso,
essencial,

que pelo homem que fizeste,
ofereceste
o teu estado glorioso
a ser mortal!

E Tua Filha, Madre, Esposa,
horta nobre, flor dos céus,
Virgem Maria,
mansa pomba gloriosa;
tão chorosa
quando o seu Deus padecia!

Oh, lágrimas preciosas
do virginal coração
destiladas,
correntes das dores vossas,
com os olhos da perfeição
derramadas!
Quem uma só pudera ver,
vira claramente nela
aquela dor,
aquela pena e padecer,
com que choráveis, donzela,
vosso amor.

E quando vós, amortecida,
se lágrimas vos faltavam,
não faltava
a vosso filho e vossa vida
chorar as que lhe ficaram
de quando orava.
Porque muito mais sentia
pelos seus padecimentos
assim vistos;
mais que quanto padecia,
lhe doía,
e dobrava seus tormentos,
vosso mal.

Se se pudesse dizer,
se se pudesse rezar
tanta dor;
se se pudesse fazer
podermos ver
qual estáveis junto à cruz
do Redentor!
Formosa face bela,
resplendor divinal,
que sentistes,
quando a cruz se pôs à vela,
e posto nela
o filho celestial
que paristes?

Vendo por cima da gente
assomar vosso conforto
tão chagado,
cravado tão cruelmente,
e vós presente,
vendo que vós éreis mãe do morto
injustiçado!
Rainha delicada,
santidade escurecida,
quem não chora
em ver morta e debruçada
a advogada,
a força de nossa vida?

AMBRÓSIO Isto chorou Jeremias
sobre o monte de Sião,
há já dias;
porque sentiu que o Messias
era nossa redenção.
E chorava a sem ventura,
infeliz de Jerusalém
homicida,
matando, contra natura,
seu Deus nascido em Belém
nesta vida.

JERÔNIMO Quem vira o Santo Cordeiro
entre os lobos humilhado,
escarnecido,
julgado para o martírio
do madeiro,
seu rosto alvo e formoso
mui cuspido!

(*Agostinho benze a mesa.*)

AGOSTINHO A bênção do Padre Eternal,
e do Filho, que por nós
sofreu tal dor,
e do Espírito Santo, igual
Deus imortal,
convidada, benza a vós
por seu amor.

IGREJA Coragem! Trazei água para as mãos.

AGOSTINHO Vós vos haveis de lavar
em lágrimas da culpa vossa,
e bem lavada,
e vos haveis de chegar
a limpar
em uma toalha formosa,
bem bordada
com a seda das veias puras
da Virgem sem mágoa, nascido
e apurado,
torcido com amarguras
às escuras,
com grande dor guarnecido
e acabado.

Os olhos secareis,
que o não consentirão
os tristes laços;
que tais pontos achareis
da face e reverso

que se rompe o coração
em pedaços.
Vereis seu triste lavrado
natural,
com tormentos pespontado,
e figurado
Deus Criador em figura
de mortal.

(*Esta toalha de que aqui se fala é a Verônica, a qual Santo Agostinho tira dentre as bacias, e mostra à Alma; e a Madre Igreja, com os Doutores, lhe rendem adoração de joelhos, cantando* Salve, Sancta Facies. *E, acabando, diz a Madre Igreja:*)

IGREJA Venha a primeira iguaria.

JERÔNIMO Esta iguaria primeira
foi, Senhora,
guisada sem alegria,
em triste dia,
a crueldade cozinheira
e matadora.
Gostá-la-eis com salsa e sal
de choros de muita dor;
porque os ombros
do Messias divinal,
santo sem mal,
foram, pelo vosso amor,
açoitados.

(*Esta iguaria de que aqui se fala são os Açoites; neste momento são tirados das bacias, apresentados à Alma, e todos de joelhos cantam* Ave flagellum. *Ao final, Jerônimo diz:*)

JERÔNIMO Este outro manjar segundo
é iguaria
que haveis de degustar
ao contemplar
a dor que o Senhor do mundo
padecia

para vos remediar.
Foi um tormento improviso,
que aos miolos lhe chegou
e consentiu,
por remediar o siso
que a vosso siso faltou;
e para ganhardes paraíso,
a sofreu.

(*Esta iguaria segunda de que aqui se fala é a coroa de espinhos. Neste momento, tiram-na das bacias, e de joelhos os Santos Doutores cantam* Ave corona espinearum. *E, acabando, diz a Madre Igreja:*)

IGREJA Venha outra do teor.

JERÔNIMO Este manjar terceiro
foi guisado
em três lugares de dor,
cada qual maior,
com a lenha do madeiro
mais prezado.
Come-se com grande tristura,
porque a Virgem gloriosa
o viu guisar:
viu cravar com grande crueza
a sua riqueza,
e sua pérola preciosa
viu furar.

(*E neste ponto Santo Agostinho tira os cravos, e todos de joelhos cantam* Dulce lignum, dulcis clavus. *E acabada a adoração, diz o Anjo à Alma:*)

ANJO Deixai agora esses arreios,
que este manjar não se come assim
como cuidais.
Para as almas são muito feios,
e são meios
com que não andam em si
os mortais.

(*Despe a Alma o vestido e as joias que o Demônio lhe deu, e diz Agostinho:*)

AGOSTINHO Alma bem aconselhada,
que dais a cada um o que seu é,
o da terra à terra.
Agora ireis despojada
pela estrada,
porque vencestes com fé
forte guerra.

IGREJA Venha essa outra iguaria.

JERÔNIMO A quarta iguaria é tal,
tão esmerada,
de tão infinda valia
e quantia,
que na mente divinal
foi guisada.
Por mistério preparada
no sacrário virginal,
bem coberta,
da divindade cercada
e consagrada,
depois ao Padre eternal
dada em oferta.

(*Apresenta São Jerônimo à Alma um crucifixo que tira dentre os pratos; e os Doutores o adoram, cantando* Domine Iesu Christe. *E, acabando, diz a Alma:*)

ALMA Com que forças, com que espírito,
te darei, triste, louvores,
eu que sou nada,
vendo-Te, Deus Infinito,
tão aflito,
padecendo tu as dores,
e eu culpada!
Como estás tão quebrantado,
Filho de Deus imortal!

Quem te matou?
Senhor, a cujo mandado
és justiçado,
sendo Deus universal
que nos criou?

AGOSTINHO A fruta deste jantar,
que neste altar vos foi dado
com amor,
iremos todos buscar
no pomar
onde está sepultado
o Redentor.

(*E todos com a Alma, cantando* Te Deum laudamus *vão adorar o Santo Sepulcro*.)

LAUS DEO.

❖

Pranto de Maria Parda

Advertência importante

Adolescentes de um e outro sexo!

Sob um titulo que vos poderá attrahir este livro contem mysterios de iniquidade.

Se o abrisseis depois d'este pregão, só de vós mesmos, vos podéreis queixar. Não é para vós que foi escripto. Quem o apresentasse, ou o permittisse, só esse seria o seu Invenenador

Estas palavras escreveu-as Antonio Feliciano de Castilho na primeira pagina da traducção dos Amores de Ovidio

O "Pranto de Maria Parda" não encerra mysterios de iniquidade, mas tambem não deve ser lido pela innocencia.

Offic. a vapor da Pap. Estevão Nunes & F.os--Aurea, 58--Lisboa

Por que vio as ruas de Lisboa com tão poucos ramos nas tavernas e o vinho tão caro, e ela não podia viver sem ele

Eu só quero prantear
este mal que a muitos toca;
que estou já como minhoca
que puzeram a secar.
Triste desaventurada,
que tão alta está a canada
para mim como as estrelas;
ó! coitadas das guelas!
Ó! guelas da coitada!
Triste desdentada escura,
quem me trouxe a tais mazelas!
Ó! gengivas e arnelas,
deitai babas de secura;
carpi-vos, beiços coitados,
que já lá vão meus toucados,
e a cinta e a fraldilha;
ontem bebi a mantilha,
que me custou dois cruzados.
Ó! Rua de San Gião,
assim 'stás da sorte mesma
como altares de quaresma
e as malvas no verão.
Quem levou teus trinta ramos
e o meu mana bebamos,
isto a cada bocadinho?
Ó vinho mano, meu vinho,
que má hora te gastamos.

Ó travessa zinguizarra
de Mata-porcos escura,
como estás de má ventura,
sem ramos de barra a barra.
Porque tens há tantos dias
as tuas pipas vazias,
os tonéis secos em pé?
Ou te tornaste Guiné
ou o barco das enguias.
Triste quem não cega em ver
nas carnicerias velhas
muitas sardinhas nas grelhas;
mas o demo há de beber.
E agora que estão erguidas
as coitadas doloridas
das pipas limpas da borra,
achegou-lhe a paz com porra
de crescerem as medidas.
Ó Rua da Ferraria,
onde as portas eram maias,
como estás cheia de guaias,
com tanta louça vazia!
Já m'a mim aconteceu
na manhã que Deus nasceu,
à honra do nascimento,
beber ali um de cento,
que nunca mais pareceu.
Rua de Cata-que-farás,
que farei e que farás!
quando vos vi tais, chorei,
e tornei-me por detrás.
Que foi do vosso bom vinho,
e tanto ramo de pinho,
laranja, papel e cana,
onde bebemos Joanna
e eu, cento e um cinquinho.
Ó tavernas da Ribeira,
não vos verá a vós ninguém
mosquitos, o verão que vem,
porque sereis areeira.

Triste, que será de mim!
Que má hora vos eu vi!
Que má hora me vós vistes!
Que má hora me paristes,
mãe da filha do ruim!
  Quem viu nunca toda Alfama
com quatro ramos cagados,
os tornos todos quebrados!
Ó bicos da minha mama!
bem ali ó Santo Espírito
ia eu sempre dar no fito
num vinho claro rosete.
Ó! meu bem doce palhete,
quem pudera dar um grito!
  Ó triste Rua dos Fornos,
que foi da vossa verdura!
Agora rua d'amargura
vos fez a paixão dos tornos.
Quando eu, rua, por vós vou,
todolos traques que dou
são suspiros de saudade;
para vós ventosidade
nasci toda como estou.
  Fui-me ó Poço do chão,
fui-me à praça dos canos;
carpi-vos, manas e manos,
que a dezesseis o dão.
Ó velhas amarguradas,
que antre três sete canadas
soíamos de beber,
agora, tristes! remoer
sete raivas apertadas.
  Ó Rua da Mouraria,
quem vos fez matar a sede
pela lei de Mafamede
com a triste d'agua fria?
Ó bebedores irmãos,
que nos presta ser cristãos,
pois nos Deus tirou o vinho?
Ó ano triste cainho,

por que nos fazes pagãos?
Os braços trago cansados
de carpir estas queixadas,
as orelhas engelhadas
de me ouvir tantos brados.
Quero-m'ir às taverneiras,
taverneiros, medideiras,
que me deem uma canada,
sobre meu rosto fiada,
a pagar lá pelas eiras.

Pede fiado à Biscainha.

Ó Senhora Biscainha,
fiai-me canada e meia,
ou me dais uma candeia,
que se vai esta alma minha.
Acudi-me dolorida,
que trago a madre caída,
e çarra-se-me o gorgomilo:
enquanto posso engoli-lo,
socorrei-me minha vida.

Biscainha.

Não dou eu vinho fiado,
ide vós embora, amiga?
Quereis ora que vos diga?
Não tendes isso aviado.
Dizem lá que não he tempo
de pousar o cu ao vento.
Sangrade-vos, Maria Parda;
agora tem vez a Guarda
e a raia no avento.

A João Cavaleiro, Castelhano.

Devoto João Cavaleiro,
que pareceis Isaías,
dai-me de beber três dias,

e far-vos-hei meu herdeiro.
Não tenho filhas nem filhos,
senão canadas e quartilhos;
tenho enxoval de guarda,
se herdardes Maria Parda,
sereis fora d'empecilhos.

João Cavaleiro.

Amiga, dicen por villa
un ejemplo de Pelayo,
que una cosa piensa el bayo
y otra quien lo ensilla.
Pagad, si quereis beber;
porque debeis de saber
que quien su yegua mal pea,
aunque nunca mas la vea,
él se la quiso perder,

Vai-se a Branca Leda.

Branca mana, que fazedes?
meu amor, Deus vos ajude;
já eu estou no ataúde,
se me vós não acorredes.
Fiai-me ora três meias,
que ando por casas alheias
com esta sede tão viva,
que já não acho cativa
gota de sangue nas veias.

Branca Leda.

Olhai, mulher de bem,
dizem qu'em tempo de figos
não há aí nenhuns amigos,
nem os busque então ninguém.
E diz o exemplo dioso,
que bem passa de guloso
o que come o que não tem.

Muita água há em Boratem
e no poço do tinhoso.

Vai-se a João do Lumiar.

Senhor João do Lumiar,
lume da minha cegueira,
esta era a verde pereira
em que vos eu via estar.
Fiai-me um gentar de vinho,
e pagar-vos-hei em linho,
que já minha lã não presta:
tenho mandada uma besta
por ele a antre Douro e Minho.

João do Lumiar.

Exemplo de mulher honrada,
que nos ninhos d'ora a um ano
não há pássaros ogano.
Ide-vos, que sois aviada.
Enquanto isto assim dura,
matai com água a secura,
ou ide a outrem enganar,
que eu não m'hei de fiar
de mula com matadura.

Maria Parda, indo para casa de Martin Alho, vai dizendo:

Amara aqui hei d'estalar
nesta manta embrulhada:
Ó! Maria Parda coitada,
que não tens já que mijar!
Eu não sei que mal foi este,
pior cem vezes que a peste,
que quando era o trão e o tramo,
andava eu de ramo em ramo
não quero deste, mas deste.

Diz a Martim Alho.

Martim Alho, amigo meu
Martim Alho meu amigo,
tão seco trago o umbigo
como nariz de Judeu.
De sede não sei que faça:
ou fiado ou de graça,
mano, socorrei-me ora,
que trago já os olhos fora
como rola da negaça.

Martim Alho.

Diz um verso acostumado:
Quem quer fogo busque a lenha;
e mais seu dono d'acenha
apela de dar fiado.
Vós quereis, dona, folgar,
e mandais-me a mim fiar?
Pois diz outro exemplo antigo,
quem quiser comer comigo
traga em que se assentar.

Vai-se à Falula.

Amor meu, mana Falula,
minha glória e meu deleite,
emprestai-me do azeite,
que se me seca a matula.
Até que haja dinheiro,
fiai, que pouco requeiro,
duas canadas bem puras,
por não ficar às escuras,
que se m'arde o candeeiro.

Falula.

Diz Nabucodonosor
no sideraque e miseraque,

aquele que dá grã-traque
atravesse-o no salvanor.
E diz mais, quem muito pede,
mana minha, muito fede.
Sete mil custou a pipa;
se quereis fartar a tripa,
pagai, que a vinte se mede.

Maria Parda.

Raivou tanto sideraque
e tanta zarzagania,
vou-me a morrer de sequia
em cima d'um almadraque.
E antes de meu finamento,
ordeno meu testamento
desta maneira seguinte,
na triste era de vinte
e dois desde o nascimento.

Testamento.

A minha alma encomendo
a Noé e a outrem não,
e meu corpo enterrarão
onde estão sempre bebendo.
Deixo por minha herdeira
e também testamenteira,
Lianor Mendes d'Arruda,
que vendeu como sesuda,
por beber, at'à peneira.
Item mais mando levar
por tochas cepas de vinha,
e uma borracha minha
com que me hão d'incensar,
porque teve malvasia.
Incensem-me assim vazia,
pois também eu assim vou;
e a sede que me matou,
venha pola cleresia.

Levar-me-ão em um andor
de dia, às horas certas
que estão as portas abertas
das tavernas per hu for.
E irei, pois mais não pude,
num quarto por ataúde,
que não tivesse água pé:
o *sovenite* a Noé
cantem sempre amiúde.
Diante irão mui sem pejo
trinta e seis odres vazios,
que despejei nestes frios,
sem nunca matar desejo.
Não digam missas rezadas,
todas sejam bem cantadas
em Framengo e Alemão,
porque estas me levarão
às vinhas mais carregadas.
Item dirão per dó meu
quatro ou cinco ou dez trintairos,
cantados por tais vigairos,
que não bebam menos qu'eu.
Sejam destes três d'Almada,
e cinco daqui da Sé,
que são filhos de Noé,
a que são encomendadas.
Venha todo sacerdote
a este meu enterramento,
que tiver tão bom alento
como eu tive ca de cote.
Os de Abrantes e Punhete,
d'Arruda e d'Alcouchete,
d'Alhos-Vedros e Barreiro,
me venham cá sem dinheiro
até cento e vinte e sete.
Item mando vestir logo
o frade alemão vermelho
daquele meu manto velho
que tem buracos de fogo.
Item mais, mais mando dar

a quem se bem embebedar
no dia em que eu morrer,
quanto movel aí houver
e quanta raiz se achar.
  Item mando agasalhar
das órfãs estas não mais
as que por beber dos pais
ficam proves por casar.
Às quais darão por maridos
barqueiros bem recozidos
em vinhos de mui bons cheiros;
ou busquem tais escudeiros,
que bebam como perdidos.
  Item mais me cumprirão
as seguintes romarias,
com muitas ave-marias.
E não curem de Monção.
Vão por mim à Santa Orada
d'Atouguia e d'Abrigada,
e à Curageira santa,
que me deram na garganta
saúde a peste passada.
  Item mais me prometti
nua à pedra da estrema,
quando eu tive a postema
no beiço de baixo aqui.
E porque grã-glória senta,
lancem-me muita água benta
nas vinhas de Caparica,
onde meu desejo fica
e se vai a ferramenta.
  Item me levarão mais
um grão-círio pascoal
ao glorioso Seixal
Senhor dos outros Seixais;
sete missas me dirão
e os caliz encherão,
não me digam missa seca;
porque a dor da enchaqueca
me fez esta devação.

Item mais mando fazer
um espaçoso esprital,
que quem vier de Madrigal
tenha onde se acolher.
E do termo d'Alcobaça
quem vier deem-lhe em que jaça:
e dos termos de Leiria
deem-lhe pão, vinho e candeia,
e cama, tudo de graça.
Os d'Óbidos e Santarém,
se aqui pedirem pousada,
deem-lhes de tanta pancada
como de maus vinhos tem.
Homem d'Entre Douro e Minho
não lhe darão pão nem vinho;
e quem de riba d'Avia for
faze-lhe por meu amor
como se fosse vizinho.

Fim.

Assim que por me salvar
fiz este meu testamento,
com mais siso e entendimento
que nunca me sei estar.
Chorai todos meu perigo,
não levo o vinho que digo,
qu'eu chamava das estrelas,
agora m'irei par'elas
com grande sede comigo.

❖

Farsa de Inês Pereira

Auto da barca do Inferno

Auto da Alma

Gil Vicente

TEXTO INTEGRAL

1. A leitura do *Auto da barca do Inferno* nos remete a uma visão de mundo pautada por dois extremos. Quais seriam esses extremos? Considerando a mentalidade da época e as limitações ideológicas a ela pertinentes, comente o exercício criativo de Gil Vicente.

2. É possível diferenciar socialmente os personagens do *Auto da barca do Inferno* por meio da linguagem? Justifique sua resposta com passagens do texto.

3. O *Auto da barca do Inferno* e o *Auto da Alma* podem ser considerados obras maniqueístas? Procure apontar características em comum entre as duas peças.

4. No *Auto da barca do Inferno*, está presente uma série de traços de caráter, a maior parte deles apresentados como reprováveis. Há algum julgamento feito pelo autor com o qual os costumes atuais não concordem?

---

* Para que o professor possa trabalhar o Guia de Leitura com os alunos em sala de aula, não publicamos, aqui, o gabarito das questões. No entanto, pode-se obtê-lo entrando em contato conosco pelo telefone: (11) 3672 8144. Disponibilizamos o gabarito apenas para professores.

5. Em relação à peça *Auto da Alma*, qual a função dos personagens Santo Agostinho, Santo Ambrósio, São Jerônimo e São Tomás? Faça uma breve pesquisa, procurando levantar informações sobre esses santos e sua importância para a Igreja.

6. Reflita sobre o conceito de moral apresentado nas peças de Gil Vicente. Os valores abordados pelo dramaturgo, tanto os negativos como os positivos, podem ser considerados atuais?

7. Com base na personagem Inês Pereira, discuta a condição da mulher no século XVI e a questão da mobilidade social.

8. Na *Farsa de Inês Pereira*, não é apenas a conduta de Inês o alvo da sátira de Gil Vicente; há referências a outros indivíduos, representativos de diferentes estratos da sociedade, inclusive do clero. Quais são esses indivíduos, e que comportamento por eles desempenhado é alvo de sátira?

❖

Questões de vestibular

1. (PUC) Gil Vicente escreveu *Auto da barca do Inferno* em 1517, no momento em que eclodia na Alemanha a Reforma Protestante, com a crítica veemente de Lutero ao mau clero dominante na Igreja. Nesta obra, há a figura do frade, severamente censurado como um sacerdote negligente. Indique a alternativa cujo conteúdo *não* se presta a caracterizar, na referida peça, os erros cometidos pelo religioso.

a) Não cumprir os votos do celibato, mantendo a concubina Florença.

b) Entregar-se a práticas mundanas, como a dança.

c) Praticar esgrima e usar armamentos de guerra, proibidos aos clérigos.

d) Transformar a religião em manifestação formal, ao automatizar os ritos litúrgicos.

e) Praticar a avareza como cúmplice do fidalgo, e a exploração da prostituição em parceria com a alcoviteira.

2. (PUC) O teatro de Gil Vicente caracteriza-se por ser fundamentalmente popular. E essa característica manifesta-se, particularmente, em sua linguagem poética, como ocorre no trecho a seguir, do *Auto da barca do Inferno*.

"Ó Cavaleiro de Deus,
A vós estou esperando,
Que morrestes pelejando
Por Cristo, Senhor dos Céus!
Sois livres de todo o mal,
Mártires da Madre Igreja,
Que quem morre em tal peleja
Merece paz eternal."

No texto, fala final do Anjo, temos, no conjunto dos versos:

a) variação de ritmo e quebra de rimas.
b) ausência de ritmo e quebra de rimas.
c) alternância de redondilha maior e menor e simetria de rimas.
d) redondilha menor e rimas opostas e emparelhadas.
e) igualdade de métrica e de esquemas das palavras que rimam.

3. (Fuvest) Indique a afirmação correta sobre o *Auto da barca do Inferno*, de Gil Vicente:

a) É intricada a estruturação de suas cenas, que surpreendem o público com o inesperado de cada situação.
b) O moralismo vicentino localiza os vícios, não nas instituições, mas nos indivíduos que as fazem viciosas.
c) É complexa a crítica aos costumes da época, já que o autor é o primeiro a relativizar a distinção entre o Bem e o Mal.
d) A ênfase desta sátira recai sobre as personagens populares mais ridicularizadas e as mais severamente punidas.
e) A sátira é aqui demolidora e indiscriminada, não fazendo referência a qualquer exemplo de valor positivo.

4. (Fuvest) Diabo, Companheiro do Diabo, Anjo, Fidalgo, Onzeneiro, Parvo, Sapateiro, Frade, Florença, Brísida Vaz, Judeu, Corregedor, Procurador, Enforcado e Quatro Cavaleiros são personagens do *Auto da barca do Inferno*, de Gil Vicente.

Analise as informações abaixo e selecione a alternativa *incorreta*, cujas características não descrevam adequadamente a personagem.

a) O Onzeneiro idolatra o dinheiro, é agiota e usurário; de tudo que juntara, nada leva para a morte, ou melhor, leva a bolsa vazia.
b) O Frade representa o clero decadente e é subjugado por suas fraquezas: mulher e esporte; leva a amante e as armas de esgrima.
c) O Diabo, capitão da barca do Inferno, é quem apressa o embarque dos condenados; é dissimulado e irônico.
d) O Anjo, capitão da barca do Céu, é quem elogia a morte pela fé; é austero e inflexível.
e) O Corregedor representa a justiça e luta pela aplicação íntegra e exata das leis; leva papéis e processos.

5. (Fuvest) Considere as seguintes afirmações sobre *o Auto da barca do Inferno*, de Gil Vicente:

I. O auto atinge seu clímax na cena do Fidalgo, personagem que reúne em si os vícios das diferentes categorias sociais anteriormente representadas.

II. A descontinuidade das cenas é coerente com o caráter didático do auto, pois facilita o distanciamento do espectador.

III. A caricatura dos tipos sociais presentes no auto não é gratuita nem artificial, mas resulta da acentuação de traços típicos.

Está correto apenas o que se afirma em

a) I.
b) II.
c) II e III.
d) I e II.
e) I e III.

6. (Unicamp) Leia o diálogo abaixo, do *Auto da barca do Inferno*:

"DIABO
Cavaleiros, vós passais
e não perguntais onde ir?
CAVALEIRO
Vós, Satanás, presumis?
Atentai com quem falais!
OUTRO CAVALEIRO
Vós que nos demandais?
Sequer conhece-nos bem.
Morremos nas partes d'além,
e não queirais saber mais."

a) Por que o Cavaleiro chama a atenção do Diabo?
b) Onde e como morreram os dois Cavaleiros?
c) Por que os dois passam pelo Diabo sem se dirigir a ele?

Gabarito

1. e

2. e

3. b

4. e

5. c

6. a) O Cavaleiro repreende o Diabo por sua falta de respeito ao se dirigir àqueles que morreram pela fé cristã.

b) De acordo com o texto, morreram "nas partes d'além", ou seja, longe da pátria, lutando contra os mouros.

c) Os Cavaleiros ignoram o Diabo porque sabem que irão para o Paraíso, na barca do Anjo.

O objetivo, a filosofia e a missão da Editora Martin Claret

O principal objetivo da Martin Claret é contribuir para a difusão da educação e da cultura, por meio da democratização do livro, usando os canais de comercialização habituais, além de criar novos.

A filosofia de trabalho da Martin Claret consiste em produzir livros de qualidade a um preço acessível, para que possam ser apreciados pelo maior número possível de leitores.

A missão da Martin Claret é conscientizar e motivar as pessoas a desenvolver e utilizar o seu pleno potencial espiritual, mental, emocional e social.

O livro muda as pessoas. Revolucione-se: leia mais para ser mais!

MARTIN CLARET

Relação dos Volumes Publicados

1. **Dom Casmurro**
Machado de Assis
2. **O Príncipe**
Maquiavel
3. **Mensagem**
Fernando Pessoa
4. **O Lobo do Mar**
Jack London
5. **A Arte da Prudência**
Baltasar Gracián
6. **Iracema / Cinco Minutos**
José de Alencar
7. **Inocência**
Visconde de Taunay
8. **A Mulher de 30 Anos**
Honoré de Balzac
9. **A Moreninha**
Joaquim Manuel de Macedo
10. **A Escrava Isaura**
Bernardo Guimarães
11. **As Viagens - "Il Milione"**
Marco Polo
12. **O Retrato de Dorian Gray**
Oscar Wilde
13. **A Volta ao Mundo em 80 Dias**
Júlio Verne
14. **A Carne**
Júlio Ribeiro
15. **Amor de Perdição**
Camilo Castelo Branco
16. **Sonetos**
Luís de Camões
17. **O Guarani**
José de Alencar
18. **Memórias Póstumas de Brás Cubas**
Machado de Assis
19. **Lira dos Vinte Anos**
Álvares de Azevedo
20. **Apologia de Sócrates / Banquete**
Platão
21. **A Metamorfose/Um Artista da Fome/Carta a Meu Pai**
Franz Kafka
22. **Assim Falou Zaratustra**
Friedrich Nietzsche
23. **Triste Fim de Policarpo Quaresma**
Lima Barreto
24. **A Ilustre Casa de Ramires**
Eça de Queirós
25. **Memórias de um Sargento de Milícias**
Manuel Antônio de Almeida
26. **Robinson Crusoé**
Daniel Defoe
27. **Espumas Flutuantes**
Castro Alves
28. **O Ateneu**
Raul Pompeia
29. **O Noviço / O Juiz de Paz da Roça / Quem Casa Quer Casa**
Martins Pena
30. **A Relíquia**
Eça de Queirós
31. **O Jogador**
Dostoiévski
32. **Histórias Extraordinárias**
Edgar Allan Poe
33. **Os Lusíadas**
Luís de Camões
34. **As Aventuras de Tom Sawyer**
Mark Twain
35. **Bola de Sebo e Outros Contos**
Guy de Maupassant
36. **A República**
Platão
37. **Elogio da Loucura**
Erasmo de Rotterdam
38. **Caninos Brancos**
Jack London
39. **Hamlet**
William Shakespeare
40. **A Utopia**
Thomas More
41. **O Processo**
Franz Kafka
42. **O Médico e o Monstro**
Robert Louis Stevenson
43. **Ecce Homo**
Friedrich Nietzsche
44. **O Manifesto do Partido Comunista**
Marx e Engels
45. **Discurso do Método / Regras para a Direção do Espírito**
René Descartes
46. **Do Contrato Social**
Jean-Jacques Rousseau
47. **A Luta pelo Direito**
Rudolf von Ihering
48. **Dos Delitos e das Penas**
Cesare Beccaria
49. **A Ética Protestante e o Espírito do Capitalismo**
Max Weber
50. **O Anticristo**
Friedrich Nietzsche
51. **Os Sofrimentos do Jovem Werther**
Goethe
52. **As Flores do Mal**
Charles Baudelaire
53. **Ética a Nicômaco**
Aristóteles
54. **A Arte da Guerra**
Sun Tzu
55. **Imitação de Cristo**
Tomás de Kempis
56. **Cândido ou o Otimismo**
Voltaire
57. **Rei Lear**
William Shakespeare
58. **Frankenstein**
Mary Shelley
59. **Quincas Borba**
Machado de Assis
60. **Fedro**
Platão
61. **Política**
Aristóteles
62. **A Viuvinha / Encarnação**
José de Alencar
63. **As Regras do Método Sociológico**
Émile Durkheim
64. **O Cão dos Baskervilles**
Sir Arthur Conan Doyle
65. **Contos Escolhidos**
Machado de Assis
66. **Da Morte / Metafísica do Amor / Do Sofrimento do Mundo**
Arthur Schopenhauer
67. **As Minas do Rei Salomão**
Henry Rider Haggard
68. **Manuscritos Econômico-Filosóficos**
Karl Marx
69. **Um Estudo em Vermelho**
Sir Arthur Conan Doyle
70. **Meditações**
Marco Aurélio
71. **A Vida das Abelhas**
Maurice Materlinck
72. **O Cortiço**
Aluísio Azevedo
73. **Senhora**
José de Alencar
74. **Brás, Bexiga e Barra Funda / Laranja da China**
Antônio de Alcântara Machado
75. **Eugênia Grandet**
Honoré de Balzac
76. **Contos Gauchescos**
João Simões Lopes Neto
77. **Esaú e Jacó**
Machado de Assis
78. **O Desespero Humano**
Sören Kierkegaard
79. **Dos Deveres**
Cícero
80. **Ciência e Política**
Max Weber
81. **Satíricon**
Petrônio
82. **Eu e Outras Poesias**
Augusto dos Anjos
83. **Farsa de Inês Pereira / Auto da Barca do Inferno / Auto da Alma**
Gil Vicente
84. **A Desobediência Civil e Outros Escritos**
Henry David Toreau
85. **Para Além do Bem e do Mal**
Friedrich Nietzsche
86. **A Ilha do Tesouro**
R. Louis Stevenson
87. **Marília de Dirceu**
Tomás A. Gonzaga
88. **As Aventuras de Pinóquio**
Carlo Collodi
89. **Segundo Tratado Sobre o Governo**
John Locke
90. **Amor de Salvação**
Camilo Castelo Branco
91. **Broquéis/Faróis/Últimos Sonetos**
Cruz e Souza
92. **I-Juca-Pirama / Os Timbiras / Outros Poemas**
Gonçalves Dias
93. **Romeu e Julieta**
William Shakespeare
94. **A Capital Federal**
Arthur Azevedo
95. **Diário de um Sedutor**
Sören Kierkegaard
96. **Carta de Pero Vaz de Caminha a El-Rei Sobre o Achamento do Brasil**
97. **Casa de Pensão**
Aluísio Azevedo
98. **Macbeth**
William Shakespeare

99. **Édipo Rei/Antígona**
Sófocles

100. **Lucíola**
José de Alencar

101. **As Aventuras de Sherlock Holmes**
Sir Arthur Conan Doyle

102. **Bom-Crioulo**
Adolfo Caminha

103. **Helena**
Machado de Assis

104. **Poemas Satíricos**
Gregório de Matos

105. **Escritos Políticos / A Arte da Guerra**
Maquiavel

106. **Ubirajara**
José de Alencar

107. **Diva**
José de Alencar

108. **Eurico, o Presbítero**
Alexandre Herculano

109. **Os Melhores Contos**
Lima Barreto

110. **A Luneta Mágica**
Joaquim Manuel de Macedo

111. **Fundamentação da Metafísica dos Costumes e Outros Escritos**
Immanuel Kant

112. **O Príncipe e o Mendigo**
Mark Twain

113. **O Domínio de Si Mesmo pela Auto-Sugestão Consciente**
Émile Coué

114. **O Mulato**
Aluísio Azevedo

115. **Sonetos**
Florbela Espanca

116. **Uma Estadia no Inferno / Poemas / Carta do Vidente**
Arthur Rimbaud

117. **Várias Histórias**
Machado de Assis

118. **Fédon**
Platão

119. **Poesias**
Olavo Bilac

120. **A Conduta para a Vida**
Ralph Waldo Emerson

121. **O Livro Vermelho**
Mao Tsé-Tung

122. **Oração aos Moços**
Rui Barbosa

123. **Otelo, o Mouro de Veneza**
William Shakespeare

124. **Ensaios**
Ralph Waldo Emerson

125. **De Profundis / Balada do Cárcere de Reading**
Oscar Wilde

126. **Crítica da Razão Prática**
Immanuel Kant

127. **A Arte de Amar**
Ovídio Naso

128. **O Tartufo ou O Impostor**
Molière

129. **Metamorfoses**
Ovídio Naso

130. **A Gaia Ciência**
Friedrich Nietzsche

131. **O Doente Imaginário**
Molière

132. **Uma Lágrima de Mulher**
Aluísio Azevedo

133. **O Último Adeus de Sherlock Holmes**
Sir Arthur Conan Doyle

134. **Canudos - Diário de uma Expedição**
Euclides da Cunha

135. **A Doutrina de Buda**
Siddharta Gautama

136. **Tao Te Ching**
Lao-Tsé

137. **Da Monarquia / Vida Nova**
Dante Alighieri

138. **A Brasileira de Prazins**
Camilo Castelo Branco

139. **O Velho da Horta/Quem Tem Farelos?/Auto da Índia**
Gil Vicente

140. **O Seminarista**
Bernardo Guimarães

141. **O Alienista / Casa Velha**
Machado de Assis

142. **Sonetos**
Manuel du Bocage

143. **O Mandarim**
Eça de Queirós

144. **Noite na Taverna / Macário**
Álvares de Azevedo

145. **Viagens na Minha Terra**
Almeida Garrett

146. **Sermões Escolhidos**
Padre Antonio Vieira

147. **Os Escravos**
Castro Alves

148. **O Demônio Familiar**
José de Alencar

149. **A Mandrágora / Belfagor, o Arquidiabo**
Maquiavel

150. **O Homem**
Aluísio Azevedo

151. **Arte Poética**
Aristóteles

152. **A Megera Domada**
William Shakespeare

153. **Alceste/Electra/Hipólito**
Eurípedes

154. **O Sermão da Montanha**
Huberto Rohden

155. **O Cabeleira**
Franklin Távora

156. **Rubáiyát**
Omar Khayyám

157. **Luzia-Homem**
Domingos Olímpio

158. **A Cidade e as Serras**
Eça de Queirós

159. **A Retirada da Laguna**
Visconde de Taunay

160. **A Viagem ao Centro da Terra**
Júlio Verne

161. **Caramuru**
Frei Santa Rita Durão

162. **Clara dos Anjos**
Lima Barreto

163. **Memorial de Aires**
Machado de Assis

164. **Bhagavad Gita**
Krishna

165. **O Profeta**
Khalil Gibran

166. **Aforismos**
Hipócrates

167. **Kama Sutra**
Vatsyayana

168. **Histórias de Mowgli**
Rudyard Kipling

169. **De Alma para Alma**
Huberto Rohden

170. **Orações**
Cícero

171. **Sabedoria das Parábolas**
Huberto Rohden

172. **Salomé**
Oscar Wilde

173. **Do Cidadão**
Thomas Hobbes

174. **Porque Sofremos**
Huberto Rohden

175. **Einstein: o Enigma do Universo**
Huberto Rohden

176. **A Mensagem Viva do Cristo**
Huberto Rohden

177. **Mahatma Gandhi**
Huberto Rohden

178. **A Cidade do Sol**
Tommaso Campanella

179. **Setas para o Infinito**
Huberto Rohden

180. **A Voz do Silêncio**
Helena Blavatsky

181. **Frei Luís de Sousa**
Almeida Garrett

182. **Fábulas**
Esopo

183. **Cântico de Natal/ Os Carrilhões**
Charles Dickens

184. **Contos**
Eça de Queirós

185. **O Pai Goriot**
Honoré de Balzac

186. **Noites Brancas e Outras Histórias**
Dostoiévski

187. **Minha Formação**
Joaquim Nabuco

188. **Pragmatismo**
William James

189. **Discursos Forenses**
Enrico Ferri

190. **Medeia**
Eurípedes

191. **Discursos de Acusação**
Enrico Ferri

192. **A Ideologia Alemã**
Marx & Engels

193. **Prometeu Acorrentado**
Ésquilo

194. **Iaiá Garcia**
Machado de Assis

195. **Discursos no Instituto dos Advogados Brasileiros / Discurso no Colégio Anchieta**
Rui Barbosa

196. **Édipo em Colono**
Sófocles

197. **A Arte de Curar pelo Espírito**
Joel S. Goldsmith

198. **Jesus, o Filho do Homem**
Khalil Gibran

199. **Discurso sobre a Origem e os Fundamentos da Desigualdade entre os Homens**
Jean-Jacques Rousseau

200. **Fábulas**
La Fontaine

201. **O Sonho de uma Noite de Verão**
William Shakespeare

202. **Maquiavel, o Poder**
José Nivaldo Junior

203. **Ressurreição**
Machado de Assis

204. **O Caminho da Felicidade**
Huberto Rohden

205. **A Velhice do Padre Eterno**
Guerra Junqueiro

206. **O Sertanejo**
José de Alencar

207. **Gitanjali**
Rabindranath Tagore

208. **Senso Comum**
Thomas Paine

209. **Canaã**
Graça Aranha

210. **O Caminho Infinito**
Joel S. Goldsmith

211. **Pensamentos**
Epicuro

212. **A Letra Escarlate**
Nathaniel Hawthorne

213. **Autobiografia**
Benjamin Franklin

214. **Memórias de Sherlock Holmes**
Sir Arthur Conan Doyle

215. **O Dever do Advogado / Posse de Direitos Pessoais**
Rui Barbosa

216. **O Tronco do Ipê**
José de Alencar

217. **O Amante de Lady Chatterley**
D. H. Lawrence

218. **Contos Amazônicos**
Inglês de Souza

219. **A Tempestade**
William Shakespeare

220. **Ondas**
Euclides da Cunha

221. **Educação do Homem Integral**
Huberto Rohden

222. **Novos Rumos para a Educação**
Huberto Rohden

223. **Mulherzinhas**
Louise May Alcott

224. **A Mão e a Luva**
Machado de Assis

225. **A Morte de Ivan Ilicht / Senhores e Servos**
Leon Tolstói

226. **Álcoois e Outros Poemas**
Apollinaire

227. **Pais e Filhos**
Ivan Turguêniev

228. **Alice no País das Maravilhas**
Lewis Carroll

229. **À Margem da História**
Euclides da Cunha

230. **Viagem ao Brasil**
Hans Staden

231. **O Quinto Evangelho**
Tomé

232. **Lorde Jim**
Joseph Conrad

233. **Cartas Chilenas**
Tomás Antônio Gonzaga

234. **Odes Modernas**
Anntero de Quental

235. **Do Cativeiro Babilônico da Igreja**
Martinho Lutero

236. **O Coração das Trevas**
Joseph Conrad

237. **Thais**
Anatole France

238. **Andrômaca / Fedra**
Racine

239. **As Catilinárias**
Cícero

240. **Recordações da Casa dos Mortos**
Dostoiévski

241. **O Mercador de Veneza**
William Shakespeare

242. **A Filha do Capitão / A Dama de Espadas**
Aleksandr Púchkin

243. **Orgulho e Preconceito**
Jane Austen

244. **A Volta do Parafuso**
Henry James

245. **O Gaúcho**
José de Alencar

246. **Tristão e Isolda**
Lenda Medieval Celta de Amor

247. **Poemas Completos de Alberto Caeiro**
Fernando Pessoa

248. **Maiakósvski**
Vida e Poesia

249. **Sonetos**
William Shakespeare

250. **Poesia de Ricardo Reis**
Fernando Pessoa

251. **Papéis Avulsos**
Machado de Assis

252. **Contos Fluminenses**
Machado de Assis

253. **O Bobo**
Alexandre Herculano

254. **A Oração da Coroa**
Demóstenes

255. **O Castelo**
Franz Kafka

256. **O Trovejar do Silêncio**
Joel S. Goldsmith

257. **Alice na Casa dos Espelhos**
Lewis Carrol

258. **Miséria da Filosofia**
Karl Marx

259. **Júlio César**
William Shakespeare

260. **Antônio e Cleópatra**
William Shakespeare

261. **Filosofia da Arte**
Huberto Rohden

262. **A Alma Encantadora das Ruas**
João do Rio

263. **A Normalista**
Adolfo Caminha

264. **Pollyanna**
Eleanor H. Porter

265. **As Pupilas do Senhor Reitor**
Júlio Diniz

266. **As Primaveras**
Casimiro de Abreu

267. **Fundamentos do Direito**
Léon Duguit

268. **Discursos de Metafísica**
G. W. Leibniz

269. **Sociologia e Filosofiia**
Émile Durkheim

270. **Cancioneiro**
Fernando Pessoa

271. **A Dama das Camélias**
Alexandre Dumas (filho)

272. **O Divórcio / As Bases da Fé / e outros textos**
Rui Barbosa

273. **Pollyanna Moça**
Eleanor H. Porter

274. **O 18 Brumário de Luís Bonaparte**
Karl Marx

275. **Teatro de Machado de Assis**
Antologia

276. **Cartas Persas**
Montesquieu

277. **Em Comunhão com Deus**
Huberto Rohden

278. **Razão e Sensibilidade**
Jane Austen

279. **Crônicas Selecionadas**
Machado de Assis

280. **Histórias da Meia-Noite**
Machado de Assis

281. **Cyrano de Bergerac**
Edmond Rostand

282. **O Maravilhoso Mágico de Oz**
L. Frank Baum

283. **Trocando Olhares**
Florbela Espanca

284. **O Pensamento Filosófico da Antiguidade**
Huberto Rohden

285. **Filosofia Contemporânea**
Huberto Rohden

286. **O Espírito da Filosofia Oriental**
Huberto Rohden

287. **A Pele do Lobo / O Badejo / o Dote**
Artur Azevedo

288. **Os Bruzundangas**
Lima Barreto

289. **A Pata da Gazela**
José de Alencar

290. **O Vale do Terror**
Sir Arthur Conan Doyle

291. **O Signo dos Quatro**
Sir Arthur Conan Doyle

292. **As Máscaras do Destino**
Florbela Espanca

293. **A Confissão de Lúcio**
Mário de Sá-Carneiro

294. **Falenas**
Machado de Assis

295. **O Uraguai / A Declamação Trágica**
Basílio da Gama

296. **Crisálidas**
Machado de Assis

297. **Americanas**
Machado de Assis

298. **A Carteira de Meu Tio**
Joaquim Manuel de Macedo

299. **Catecismo da Filosofia**
Huberto Rohden

300. **Apologia de Sócrates**
Platão (Edição bilingue)

301. **Rumo à Consciência Cósmica**
Huberto Rohden

302. **Cosmoterapia**
Huberto Rohden

303. **Bodas de Sangue**
Federico García Lorca

304. **Discurso da Servidão Voluntária**
Étienne de La Boétie

305. Categorias
Aristóteles

306. Manon Lescaut
Abade Prévost

307. Teogonia / Trabalho e Dias
Hesíodo

308. As Vítimas-Algozes
Joaquim Manuel de Macedo

309. Persuasão
Jane Austen

310. Agostinho - *Huberto Rohden*

311. Roteiro Cósmico
Huberto Rohden

312. A Queda dum Anjo
Camilo Castelo Branco

313. O Cristo Cósmico e os Essênios - *Huberto Rohden*

314. Metafísica do Cristianismo
Huberto Rohden

315. Rei Édipo - *Sófocles*

316. Livro dos provérbios
Salomão

317. Histórias de Horror
Howard Phillips Lovecraft

318. O Ladrão de Casaca
Maurice Leblanc

319. Til
José de Alencar

Série Ouro
(Livros com mais de 400 p.)

1. Leviatã
Thomas Hobbes

2. A Cidade Antiga
Fustel de Coulanges

3. Crítica da Razão Pura
Immanuel Kant

4. Confissões
Santo Agostinho

5. Os Sertões
Euclides da Cunha

6. Dicionário Filosófico
Voltaire

7. A Divina Comédia
Dante Alighieri

8. Ética Demonstrada à Maneira dos Geômetras
Baruch de Spinoza

9. Do Espírito das Leis
Montesquieu

10. O Primo Basílio
Eça de Queirós

11. O Crime do Padre Amaro
Eça de Queirós

12. Crime e Castigo
Dostoiévski

13. Fausto
Goethe

14. O Suicídio
Émile Durkheim

15. Odisseia
Homero

16. Paraíso Perdido
John Milton

17. Drácula
Bram Stoker

18. Ilíada
Homero

19. As Aventuras de Huckleberry Finn
Mark Twain

20. Paulo – O 13º Apóstolo
Ernest Renan

21. Eneida
Virgílio

22. Pensamentos
Blaise Pascal

23. A Origem das Espécies
Charles Darwin

24. Vida de Jesus
Ernest Renan

25. Moby Dick
Herman Melville

26. Os Irmãos Karamazovi
Dostoiévski

27. O Morro dos Ventos Uivantes
Emily Brontë

28. Vinte Mil Léguas Submarinas
Júlio Verne

29. Madame Bovary
Gustave Flaubert

30. O Vermelho e o Negro
Stendhal

31. Os Trabalhadores do Mar
Victor Hugo

32. A Vida dos Doze Césares
Suetônio

33. O Moço Loiro
Joaquim Manuel de Macedo

34. O Idiota
Dostoiévski

35. Paulo de Tarso
Huberto Rohden

36. O Peregrino
John Bunyan

37. As Profecias
Nostradamus

38. Novo Testamento
Huberto Rohden

39. O Corcunda de Notre Dame
Victor Hugo

40. Arte de Furtar
Anônimo do século XVII

41. Germinal
Émile Zola

42. Folhas de Relva
Walt Whitman

43. Ben-Hur — Uma História dos Tempos de Cristo
Lew Wallace

44. Os Maias
Eça de Queirós

45. O Livro da Mitologia
Thomas Bulfinch

46. Os Três Mosqueteiros
Alexandre Dumas

47. Poesia de Álvaro de Campos
Fernando Pessoa

48. Jesus Nazareno
Huberto Rohden

49. Grandes Esperanças
Charles Dickens

50. A Educação Sentimental
Gustave Flaubert

51. O Conde de Monte Cristo (Volume I)
Alexandre Dumas

52. O Conde de Monte Cristo (Volume II)
Alexandre Dumas

53. Os Miseráveis (Volume I)
Victor Hugo

54. Os Miseráveis (Volume II)
Victor Hugo

55. Dom Quixote de La Mancha (Volume I)
Miguel de Cervantes

56. Dom Quixote de La Mancha (Volume II)
Miguel de Cervantes

57. As Confissões
Jean-Jacques Rousseau

58. Contos Escolhidos
Artur Azevedo

59. As Aventuras de Robin Hood
Howard Pyle

60. Mansfield Park
Jane Austen